Determinants of Fertility

출산의 결정요인

황진영 저

學林

머 리 말

오늘날 우리 사회는 저출산의 심각한 상황에 직면해 있다. 세계 최저 수준의 출산율은 조만간 삶의 질 퇴보는 물론 사회 전반에 부정적 영향을 미치게 된다. 지금까지 수많은 연구가 저출산과 관련된 주제를 다루었으며, 현재에도 하루가 다르게 저출산 극복을 위한 연구결과들이 쏟아지고 있다. 선행연구는 크게 (1) 출산율 감소가 경제의 다양한 부문에 미치는 영향을 예상하는 '저출산의 결과'에 초점을 두거나 (2) 출산율 감소의 이유를 찾아내려는 '저출산의 원인', 즉 출산의 결정요인 분석에 대한 노력으로 크게 나뉜다.

본서는 "출산의 결정요인" 분석과 관련된 선행연구의 결과를 검토하고, 이를 바탕으로 선행연구가 간과하였거나 덜 관심을 가졌던 몇 가지 사항들을 중심으로 우리나라의 저출산 극복 방안을 제안하고자 한다. 우선 본서는 저출산(혹은 출산율 감소)의 원인을 분석한 선행연구 결과를 가능한 몇 가지 분류로 요약하여 소개한다. 선행연구는 그 내용을 너무 세분화하고 또 세분화하여 실질적으로 유사한 내용이거나 저출산 극복의 본질과는 관련성이 적은 분야까지 다루고 있으므로 이 분야를 처음 접하는 연구자들에게 수많은 선행연구의 존재가 혼란스러울 수 있다. 본서는 독자의 편의를 위해 출산의 결정요인을 몇 가지 분야로 나누어 소개한다.

또한 본서의 목적은 선행연구의 결과를 바탕으로 저출산 극복을 위한 정책적 시사점을 기술하는 데 있다. 비록 많은 선행연구가 저출산 극복을 위한 다양한 제언이나 시사점을 제시하였지만, 대부분이 단편적인 내용에 불과하였으며 중장기 정책과제로서의 실질적 대안으로 보기에는 부족함이 있다. 구체적으로 본서에서는 (1) 지역균형발전, (2) 출산에 대한 인식과 교육, (3) 출산장려정책, (4) 조세제도 및 (5) 사회통합(혼외출산 및 이민정책)과 관련된 다섯 가지의 내용에 기초한 저출산 극복의 제언 혹은 시사점을 제공한다.

본서는 이상의 내용을 담기 위해 총 5개의 장으로 구성되어 있다. 제1장은 출산의 정의, 측정 및 변천과 같이 출산의 기초적 내용을 설명한다. 제2장에서는 출산의 결정과 관련된 내용으로 '출산의 전통적 이론', '사망률의 감소' 및 '가족 형성의 변동'을 차례로 살펴본다. 제3장은 출산의 결정요인으로 널리 알려진 여성의 경제활동과 관련된 내용, 즉 '여성 경제활동참여의 결정요인', '여성의 경제활동참여와 출산', '여성의 취업과 모의 연령별 출산' 및 '여성의 고용, 출산 및 성장 간의 내생성'의 연구결과를 요약한다. 제4장에서는 경제 환경의 변화와 불확실성 증대로 인한 '불안정한 노동시장', '심화한 소득불평등', '높은 주택가격', '인구집중과 소비의 질' 등이 어떻게 출산의 결정과 관련되는지 소개한다. 마지막으로 제5장은 중장기 정책과제를 중심으로 저출산 극복을 위한 제언을 제공한다.

아무쪼록 저자는 이상의 노력이 출산의 결정요인에 관심이 있는 독자들에게 조금이라도 도움이 되길 기대한다. 본서의 미흡하거나 잘못된 부분은 전적으로 저자의 능력 부족에 기인하며, 독자 여러분의 친절한 조언과 저자의 지속적인 노력으로 보완할 것을 약속한다. 저자는 많은 분들의 도움이 있었기에 본서를 완성할 수 있었다. 기억을 잃어가는 어머니와 하늘에 계신 아버지의 은혜와 사랑은 생각의 영역을 넘어서고, 가족·형제·친지들은 언제나 든든한 버팀목이 되어 주었다. 또한 저자는 세상의 따뜻함을 깨닫게 해주신 많은 분들께 감사드리며, 특히 두 아들, 준호와 동현이가 열심히 살아가는데 특별한 고마움을 전한다.

2022년 가을

황 진 영

차 례

제1장

출산의 정의, 측정 및 변천

1. 출산의 정의와 측정
2. 출산율의 변천
3. 출산율 감소의 수단

제1장

출산의 정의, 측정 및 변천

출산의 결정요인 분석은 출산을 정의하고 측정하는 것으로부터 시작한다. 본 장에서는 출산과 출산율 지표의 정의를 살펴보고, 1960년 이후 우리나라의 출산율 변천과 출산 순위별 모의 평균 출산연령을 검토한다. 또한 본 장에서는 전 세계의 출산율 변천과 출산율 감소의 수단에 관해 간단히 설명한다.

1. 출산의 정의와 측정

사전에서는 '출산'(fertility)을 "아기를 세상에 내놓는 것"으로 "생물의 번식 과정에서 모체가 체내에서 생성된 어린 개체를 몸 밖으로 배출하는 행위"로 정의한다.[1] 또한 출산은 "번

---

1 본서에서 사용하는 출산 혹은 출산율 지표의 정의는 위키백과(https://ko.wikipedia.org/) 혹은 통계청 국가통계포털(kosis.kr/)에 기초한다.

식을 통해 자손을 낳을 수 있는 능력"을 의미하기도 하며, 반대 의미인 '불임'(infertility)은 자연적으로 번식하는 데 어려움이 있거나 불가능한 경우를 일컫는다. 인간의 출산 능력은 영양 상태, 성 행동, 혈연관계, 문화, 내분비내과의 질환, 나이, 경제 상황, 성격(인격), 생활방식, 시대적 상황 및 감정 등 다양한 요인에 의해 결정된다. 출산의 정도, 즉 출산율(fertility rate)은 "여성 1명이 15~49세의 가임기간에 낳은 평균 출생아 수"를 뜻한다. 한편 출산은 번식의 잠재 가능성으로 정의되는 '다산'(fecundity, 생산력)과는 구분된다.

그렇다면 특정 국가나 사회의 출산율은 어떻게 측정할 수 있을까? 인구학자들은 '합계출산율'(total fertility rate)로 불리는 지수를 만들어 출산율을 측정한다. 합계출산율은 "여성 1명이 가임기간(15~49세)에 낳을 것으로 기대되는 평균 출생아 수(명)"를 의미한다. 구체적으로 우리는 합계출산율을 "한 여성이 가임기간 동안 현재의 연령별 여성 출산율만큼 출산한다는 가정하에 낳을 수 있는 자녀의 수"로 계산한다. 예를 들어 15~49세의 여성만이 아이를 낳으며 연평균 0.1명을 낳는다고 가정하면, 합계출산율은 3.5명(0.1명×35년)이 된다.

'대체출산율'(replacement fertility rate)은 특정 국가나 사회가 현재 인구수를 유지하기 위해 요구되는 수준의 합계출산율을 뜻하며, 소득수준이 높은 산업화된 국가에서는 대략 2.05~2.1명이다. 이때 대체출산율이 2를 조금 상회하는 이유는 합계출산율 정의에서 가정하는 것처럼 모든 여성이 출생부터 가임기까지 생존하지 않기 때문이다. 또 다른 이유는 출생 시 남자아이와 여자아이의 성비가 다르다는 사실에 근거한다. 산업화된 국가에서는 여자아이 100명당 남자아이 출생자가 대개 105명 혹은 106명 정도이다. 저개발국이나 개발도상국의 대체출산율은 높은 유아사망률로 인해 산업화된 국가에 비해 상대적으로 높게 나타난다.[2]

출산율을 나타내는 지표로는 합계출산율 이외에도 조출생률·일반출산율·연령별 출산율·총재생산율·순재생산율 등이 있다. '조출생률'(crude birth rate)은 인구 1,000명당 연간 출생아 비율로써 "1년간 신고한 총 출생아 수를 해당 연도 중간 시점(7월 1일)의 총인구로 나눈 후 그 수치를 1,000분비로 나타낸 값"이다. 우리가 조출생률에서 '조사망률'(crude death rate, 인구 1,000명당 연간 사망자 비율로써 "1년간 발생한 총사망자 수를 해당 연도 중간 시점(7월 1일)의 총인구로 나눈 후 그 수치를 1,000분비로 나타낸 값")을 빼면 인구의 자연증가율을 도출할 수 있으며, 이는 이주가 없을 때 인구변화율과 동일하다.

'일반출산율'(general fertility rate)은 "1년간 총 출생아 수를 가임기간(15~49세) 여성 인구의 수(해당 연도 중간 시점의 여성 인구수)로 나눈 값에 1,000을 곱한 값"이다. 이 지표는 비교

2 개발도상국의 대체출산율은 정치적 안정성(예: 전쟁이나 테러의 정도), 의료수준, 살인 범죄율, 남아선호사상 등의 차이로 인해 국가마다 상이하다.

집단 간 가임여성의 인구구조(예를 들어 10대, 20대, 30대 혹은 40대)가 다르더라도 특정 집단이 출산율에 미치는 영향은 적다는 특징이 있지만, 비교집단 간 그 영향을 비교하는 데에는 제약이 존재한다는 단점이 있다. 일반출산율의 단점을 보완하기 위한 '연령별 출산율'(age-specific fertility rate)은 "특정 연령(예를 들어 10대, 20대, 30대 혹은 40대)의 여성이 1년간 출산한 출생아 수를 특정 연령의 여성 인구수(해당 연도 중간 시점의 여성 인구수)로 나누어 1,000분비로 나타낸 값"을 말한다. 모든 연령별 출산율의 총합은 합계출산율이 된다.

또한 '총재생산율'(gross reproduction rate)은 "여성이 재생산연령(15~49세)까지 생존할 때 낳을 수 있는 평균 여자아이 수를 비율로 나타낸 값"이다. 이 비율은 사망률을 고려하지 않는다는 가정하에 모집단의 대치 생식 능력의 척도를 제공한다. 즉 총재생산율은 그 대상인 여자아이가 신생아이고, 여자아이의 출생부터 가임기가 끝나는 연령의 시점까지 사망하지 않고 생존하는 것을 가정하여 출산율을 계산한다. 유사한 개념인 '순재생산율'(net rate of reproduction)은 "새로 태어난 한 여자아이가 현재 인구의 사망률과 출산율을 따른다고 가정할 때 그 여자아이가 향후 출산할 것으로 예상하는 여자아이의 수를 비율로 나타낸 값"이다. 예를 들어 특정 국가의 순재생산율이 1일 경우에는 그 국가의 인구가 일정하므로 인구증가율이 영(0)이 되고, 순재생산율이 1보다 큰(작은) 국가에서는 인

구가 계속해서 증가(감소)한다.[3]

이처럼 출산율 측정방법(출산율 지표)은 접근방법이나 사용하고자 하는 목적에 따라 다양하며, 그 요약은 〈표 1-1〉과 같다. 그런데도 대부분 출산율 지표(측정치)들의 추이는 거의 동일하거나 유사한 방향으로 움직인다. 예를 들어 조출생률이 상승하는 국가나 사회에서는 합계출산율·일반출산율·연령별 출산율 등이 대체로 증가한다.[4] 따라서 경제학 문헌에서는 출산율 결정요인을 분석하기 위해 합계출산율을 대표적인 출산율 지표로 사용한다. 왜냐하면 합계출산율은 전체 여성을 대상으로 고려할 뿐만 아니라 그 값을 지수로 나타내므로 국가나 지역 간의 비교에 쉽게 활용할 수 있기 때문이다. 따라서 본서에서는 출산의 정도를 측정하는 출산율의 대명사로 합계출산율을 사용한다.

---

3 인구학에서는 "순재생산율=1"인 상황에서도 상당 기간 인구가 증가 혹은 감소하는 현상을 '인구 모멘텀'(population momentum)이라 부르며, 양의 모멘텀과 음의 모멘텀으로 구분한다. '양의 모멘텀'은 과거 높은 수준의 출산으로 인해 가임기 여성의 인구 비중이 높을 경우에는 출산율이 대체출산율보다 낮은 수준을 유지하더라도 절대적인 출생아 수가 많아 인구가 증가할 때 생겨나는 현상이다. '음의 모멘텀'은 대체출산율보다 낮은 수준의 출산율이 지속함으로써 부모세대와 비교하면 자녀세대의 규모가 작아짐에 따라 자녀세대가 가임기에 접어들었을 때 출산율이 대체출산율을 능가한다 할지라도 절대적인 출생아 수가 줄어드는 현상을 의미한다.

4 출산율 지표(측정치)별 부분적인 차이는 존재한다.

[표 1-1] 출산율 지표		
지표	정의	특징
합계출산율	여성 1명이 가임기간에 낳을 것으로 기대되는 평균 출생아 수	대표 출산율 지표
조출생률	1년간 신고한 총 출생아 수의 1,000 분비	조출생률-조사망률 = 인구의 자연증가율
일반출산율	1년간 총 출생아 수를 가임기간 여성 인구의 수로 나눈 값의 1,000분비	비교집단 간 인구의 연령 구조가 달라도 그 영향이 적음
연령별 출산율	특정 연령의 여성이 1년간 출산한 출생아 수를 특정 연령의 여성 인구수로 나눈 값의 1,000분비	Σ 연령별 출산율 = 합계출산율
총재생산율	여성이 재생산연령까지 생존할 때 낳을 수 있는 평균 여자아이 수의 비율	대치 생식 능력의 척도
순재생산율	새로 태어난 한 여자아이가 현재 인구의 사망률과 출산율을 따른다고 가정할 때 그 여자아이가 향후 출산할 것으로 예상하는 여자아이 수의 비율	"순재생산율=1"은 "인구증가율=영(0)"을 의미

2. 출산율의 변천

우리나라 합계출산율의 변천은 〈그림 1-1〉에 나타나 있다. 우리나라 출산율은 지난 1960년 6.095명에서 2021년 0.808명으로 매우 심하게 감소하였다. 합계출산율은 1960년

그림 1-1 **우리나라 합계출산율의 변천(명)**

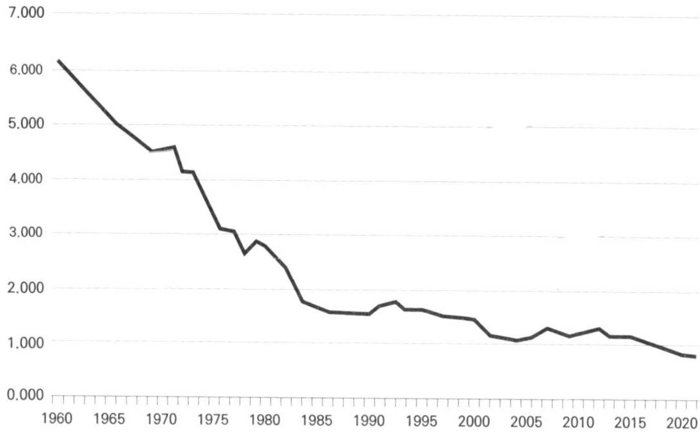

자료: 통계청 국가통계포털

대 초반까지의 베이비붐(baby boom) 시대 이후 1980년대 중반까지 급격히 감소하기 시작하였는데, 이는 산업화에 따른 소득수준의 상승과 가족관계의 변화, 인구 억제를 위한 정부의 재정지원 등에 기인한다. 우리나라 정부는 1961년 이후 경제개발을 위해 산아제한을 인구정책의 핵심으로 설정하였으며, 이러한 인구증가 억제정책을 1990년대 초반까지 유지하였다. 즉 정부는 한 가족의 적정 출생아 수를 1960년대 3명, 1970년대 2명 및 1980년대 1명으로 제한하였다.

1980년대 중반~1990년대 중반까지는 합계출산율이 유지되거나 완만하게 증가하였지만, 1990년대 중반 이후 합계출산율이 다시 감소하기 시작하였다. 즉 1990년대 중반부터 출산율이 이후 살펴볼 여성의 경제활동참여 증가, 결혼 및 출산에 대한 문화(인식)의 변화, 노동시장의 불안정성 등 다양한 이유로 인해 지속해서 감소함으로써 심각한 사회문제로 대두되었다. 우리나라 정부는 1996년 이른바 '신인구정책'(인구자질향상정책)을 수립해 기존의 인구증가 억제정책(출산억제정책)을 인구증가 장려정책(출산장려정책)으로 수정하였다. 현재에는 다양한 출산장려정책이 시행되고 있지만, 출산율이 계속 감소해 2021년의 합계출산율이 전 세계에서 가장 낮은 수준인 0.808명까지 떨어졌다.

합계출산율의 변천은 모(母)의 평균 출산연령의 변천을 동반한다. 모의 평균 출산연령의 상승은 여성이 일생에 걸쳐 출산하는 총 자녀의 수를 감소시켜 합계출산율이 줄어들게 만드는 요인이다. 왜냐하면 출산은 생물학적 나이에 제한을 받기 때문이다. 이처럼 평균 출산연령의 상승이 합계출산율에 미치는 영향을 인구학에서는 '속도효과'(tempo effect)라고 부른다. 그러나 여성들이 출산을 일시적으로 연기해 출산연령이 상승할 뿐 일생 동안 출산하는 자녀의 수에 변동이 없을 때는 속도효과에 의한 합계출산율 하락은 단기적 현상에 불과할 수 있다.[5]

5 선행연구는 속도효과가 어느 정도 나타나는지 파악하기 위해 여성의 출산간격·출산지연·출산중단 등의 결정요인을 분석하였다.

[표 1-2] 우리나라의 출산 순위별 모의 평균 출산연령(세)

연도	모의 평균 출산연령	첫째 아이 출산연령	둘째 아이 출산연령	셋째 아이 출산연령	넷째 아이 이상 출산 연령
1993(a)	27.55	26.23	28.49	31.19	33.89
1996	28.09	26.65	28.89	31.68	34.29
1999	28.69	27.39	29.42	32.08	34.53
2002	29.50	28.29	30.20	32.71	34.95
2005	30.23	29.09	31.04	33.33	35.43
2008	30.79	29.61	31.69	33.62	35.57
2011	31.44	30.25	32.23	34.09	35.94
2014	32.04	30.97	32.81	34.47	35.88
2017	32.60	31.62	33.36	34.79	36.08
2020	33.13	32.30	33.91	35.28	36.53
2021(b)	33.36	32.61	34.08	35.42	36.50
(b-a)*	5.81	6.38	5.59	4.23	2.61

주: *는 2021년 출산연령에서 1993년 출산연령을 뺀(차이) 값임.
자료: 통계청 국가통계포털

〈표 1-2〉는 우리나라 모의 평균 출산연령이 1993년 27.55세에서 2021년 33.36세로 꾸준히 증가하였음을 보여준다(동 기간 5.81세 증가). 모의 첫째 아이 평균 출산연령(초산연령)은 1993년 26.23세에서 2021년 32.61세로 약 6.38세 증가하였으며, 모의 넷째 아이 이상 평균 출산연령은 1993년 33.89세에서 2021년 36.50세로 약 2.61세 늘어났다. 이러

[표 1-3] 주요 국가의 합계출산율 변천(명)

국 가	합계출산율		국 가	합계출산율	
	1960년	2020년		1960년	2020년
대한민국	6.1	0.8	이스라엘	3.9	2.9
덴마크	2.6	1.7	이탈리아	2.4	1.2
말레이시아	6.5	2.0	인도	5.9	2.2
멕시코	6.8	2.1	일본	2.0	1.3
미국	3.7	1.6	중국	5.8	1.7
베트남	6.3	2.0	캐나다	3.8	1.4
보츠와나	6.6	2.8	파키스탄	6.6	3.4
아르헨티나	3.1	2.2	프랑스	2.9	1.8
앙골라	6.7	5.4	호주	3.5	1.6
전 세계 국가 평균	5.0	2.4	고소득 국가 평균	3.0	1.5
OECD 국가 평균	3.3	1.6	저소득 국가 평균	6.6	4.5
EU 국가 평균	2.6	1.5	중간소득 국가 평균	5.6	2.3

자료: 세계은행(World Bank)

한 자료는 초산연령이 상승함에 따라 합계출산율이 자연히 감소로 이어질 수 있다는 사실을 뒷받침한다. 즉 모의 출산연령 상승은 향후 추가적인 출산을 계획하는 데 제약으로 작용하므로 출산율 감소에도 영향을 미치게 된다. 또한 〈표 1-2〉는 출산의 결정요인 분석이 모의 연령별로 세분해서 이루어져야 할 필요성이 있음을 제시하며, 이 점은 제3장에서 논의한다.

전 세계의 주요 국가별·소득별 출산율의 변천은 〈표 1-3〉에 나타나 있다. 우리는 이상의 변천을 1960년과 2020년의 합계출산율 비교를 통해 살펴본다. 전 세계 출산율 평균은 1960년대 중반 5.0명 이상을 기록한 이후 지속해서 감소하는 추세이며 2020년 2.4명이다.[6] 이는 대부분 국가에서 1960년대 중반 이후 출산율이 감소하였다는 사실을 반영하며, 그 감소폭은 저소득 국가(1960년 평균 6.6명에서 2020년 평균 4.5명)보다 중간소득 국가(1960년 평균 5.6명에서 2020년 평균 2.3명) 혹은 고소득 국가(1960년 평균 3.0명에서 2020년 평균 1.5명)에서 비교적 크게 나타났다.

이스라엘은 산업화된 국가 중에서 출산율이 가장 높은 국가이다. 비록 이스라엘의 합계출산율이 다른 국가들과 마찬가지로 1960년 3.9명에서 2020년 2.9명으로 감소하였지만, 이러한 출산율은 다른 산업화된 국가들에 비해 상당히 높은 수준이다.[7] 경제협력개발기구(OECD)와 유럽연합(EU) 국가들의 2020년 평균 출산율은 각각 1.6명과 1.5명이다. 대부분 저개발국 혹은 개발도상국의 출산율은 1960년 5~6명대 수준에

---

6 1960년~1965년의 연도별 전 세계 평균 합계출산율은 4.979명, 5.004명, 5.025명, 5.046명, 5.056명, 5.041명이다(자료: 세계은행). 이는 세계의 평균 합계출산율이 1960년대 초중반에는 크게 변동하지 않았으며, 1964년 이후 감소하기 시작하였음을 의미한다.

7 이스라엘의 출산율이 높은 원인으로는 전통적인 가족구조, 종교적인 이유, 정부의 지원 등이 언급된다. 외국의 사례연구는 본서의 목적과 부합하지 않으므로 생략한다.

서 2020년 2~3명대 수준으로 줄어들었으며 오늘날에도 여전히 출산율 감소가 진행 중이다.[8]

따라서 〈표 1-3〉은 상대적으로 부유한 국가들의 출산율이 가난한 국가들의 출산율보다 낮은 수준이며, 부유한 국가 간에도 출산율에 상당한 차이가 있음을 보여준다. 이러한 사실은 소득수준 상승이 다양한 전달경로를 통해 출산율 결정에 영향을 미칠 뿐만 아니라 소득수준 이외에도 다양한 출산율 결정요인들이 존재할 수 있음을 시사한다. 국가 간 출산율 차이는 본서의 다음 장부터 살펴볼 출산율 결정요인들이 출산의 동기에 미치는 영향의 정도가 국가마다 다르기 때문에 나타난 현상일 수 있다.

3. 출산율 감소의 수단

이미 살펴본 바와 같이 1960년대 이후 대부분 국가의 출산율이 감소하였지만, 출산율을 줄이려는 노력은 사실상 고대로부터 이어져 왔다. 우리는 출산율이 감소하는 원인을 설명하기 위해 그 '동기'와 '수단'을 분리해 살펴볼 수 있다. 본서의 대부분은 출산율 감소의 동기와 관련된 내용을 집중적으로 검토하므로 여기서는 출산율 감소의 수단을 간단히 살펴본다.

---

8 이미 언급하였듯이 우리나라는 저개발국이었던 1960년의 합계출산율이 6.1명에서 산업화된 2020년의 합계출산율이 0.8명으로 감소해 전 세계에서 감소폭이 가장 큰 국가이다.

출산율 감소의 수단은 출산율 변천을 고려할 때 자녀의 수를 물리적으로 조절할 수 있는 능력과 관련된다.

고대로부터 이루어졌을 낙태기법·피임체위·피임기구 등의 다양한 출산억제 수단과 관련된 기록들은 많은 문헌에서 발견된다. 고대인들은 오늘날 관점에서 보면 기괴한 피임방법을 사용하였다. 예를 들어 고대인들은 여성의 질에 악어의 배설물이나 꿀과 아카시아 잎을 넣으면 정자를 차단할 수 있다고 믿었다. 성경에서는 임신하지 않는 올바른 피임방법으로 질외사정을 제안하였다. 이처럼 피임기구의 기술이 발전하지 않았던 시대에서는 출산억제 수단의 실효성이 없어 원하지 않았던 유아를 유기, 방치 혹은 살해한 기록을 문헌에서 쉽게 찾을 수 있다.[9] 또한 산업혁명 이전의 북유럽 국가에서는 출산율을 줄이려 결혼의 시기를 늦추는 수단을 사용하였다.

한편 맬서스(Thomas R. Malthus, 1766~1834)는 그의 유명한 저서인 『인구론』(*Essay on the Principal of Population*, 1798)에서 인구가 적을수록 풍요롭게 살 수 있다고 생각하였으며, 빈곤을 방지하기 위해서는 반드시 출산율을 제한해야 한다고 역설하였다. 맬서스는 인구의 급격한 증가가 인간 생활을 위협할 수 있으므로 자녀를 부양하기 위해 요구되는 경제력을 확보할 때까지 결혼을 연기하거나 금욕해야 한다고 주장하였으며, 이러한 제한을 위해 '도덕적 억제'(moral

9 이와 같은 사례는 Weil(2012)의 *Economic Growth*를 참고할 수 있다.

restraint)가 요구된다고 표현하였다.

19세기 중반 이후에는 피임기구와 관련된 기술의 급속한 발전이 출산율 감소의 직접적 수단이 되었다. 콘돔은 동물의 내장이나 뿔·비단 종이·고운 가죽 등 다양한 소재를 이용해 수천 년간 사용되었지만, 1844년 경화 고무가 발명된 이후에는 질적 개선과 가격 하락을 통해 급속한 보급이 이루어졌다. 1838년에는 자궁경부 캡(cervical cap), 1902년에는 자궁 내 장치(intrauterine device: IUD), 1960년에는 오늘날 흔히 사용되는 피임기구인 피임약 등이 발명되었다.[10]

그렇다면 피임기구의 발전이 출산율 감소의 수단으로 유용하게 작용하였는가? 유럽 국가들의 출산율 감소가 현대의 피임기구가 광범위하게 사용되기 이전에 이루어졌기 때문에 그 관련성이 크다고 인정하기에는 어려움이 있다. 그러나 제2차 세계대전 이후 많은 저개발국 혹은 개발도상국의 출산율 감소는 피임기구 보급의 확대와 더불어 발생하였다. 예를 들어 국제연합(United Nations, 2011)은 개발도상국에 거주하는 15~49세의 남녀 간에 어떤 유형이든 피임기구를 사용하는 비율, 즉 '피임용구보급률'이 1960년대 약 9%에서 2011년 61%로 급증하였다고 제시하였다.[11]

---

10 이러한 내용은 Weil(2012)의 *Economic Growth*에 기초한다.

11 한편 국제연합(United Nations, 2020)은 2019년 기준으로 15~49세의 전 세계 모든 여성 중에서 49% 정도가 특정 형태의 피임을 사용하고 있다고 설명하였다. 지역별 피임사용 비율은 라틴아메리카와 카리브해,

그러나 이상의 자료가 유럽 국가에서와 같이 피임기구의 확산이 없었을지라도 출산율이 감소할 수 있었다는 가능성을 제거하지는 못한다. Joshi and Schultz(2007)는 방글라데시 지역의 무작위 실험군을 대상으로 피임기구의 접근성이 출산율 감소를 어느 정도 설명할 수 있지만, 그 영향은 약 15%로 그다지 크지 않았다고 제시하였다. 또한 Keyfitz(1989)는 개발도상국에서 피임기구를 사용할 수 있게 하는 각종 가족계획 프로그램이 출산율 감소의 10~40%를 설명하는 것으로 파악하였다. 따라서 우리는 출산율 감소의 변천이 그 수단의 발전에 의해서는 크게 영향을 받지 않았으며, 출산율 감소의 대부분이 출산에 대한 동기에 의해 영향을 받은 것으로 파악할 수 있다. 즉 다음 장 이후에서 살펴볼 다양한 출산율 감소의 동기들이 가정마다 희망하는 자녀의 수 결정에 더 큰 영향을 미친다.

동아시아, 유럽, 북미 및 호주와 뉴질랜드에서는 약 60%이며, 중앙과 남부 아시아(44.8%), 북아프리카와 서아시아(35.1%), 사하라 사막 이남 아프리카(34.1%) 및 오세아니아(30.7%)에서는 50% 미만이다.

제2장

출산의 결정

1. 전통적 이론
2. 사망률의 감소
3. 가족 형성의 변동

제2장

출산의 결정

본 장에서는 출산의 결정에 관한 전통적 이론(모형)을 소개하고, 초창기 출산율 변천 과정에서 경험한 사망률 감소가 어떻게 출산율 감소와 관련되었는지 살펴본다. 또한 본 장에서는 오늘날 가족 형성의 변동을 나타내는 지표들과 출산율 감소 간의 관련성을 간단히 검토한다.

1. 전통적 이론

전통적 출산의 결정모형은 출산율 변천의 '동기'를 이론적 관점에서 설명하며, Becker(1960)의 양(quantity)과 질(quality) 간의 상충관계 모형, Easterlin(1968)의 세대 간 상대소득모형, Leibenstein(1975)의 사회적 상대소득모형, Cigno(1992)의 자산소득이론 등 다양하다. 이하에서는 출산율 결정모형의 네 가지 이론을 간단히 소개한다.

Becker(1960) 모형은 사람들이 소비의 대상인 재화나 서비스에 가치를 부여하듯이 자녀(출산과 양육)에 가치를 부여할 수 있다고 가정한다. 이러한 가정으로 인해 부모의 소득상승은 출산에 대한 소득효과(income effect)와 대체효과(substitution effect)를 유발한다. 즉 부모의 소득상승에 따른 소득효과는 재화(특히 내구소비재)에 대한 구매의욕이 증가하는 것과 유사하게 정상재(normal goods)인 자녀를 더 많이 출산하고 양육하게 한다. 또한 자녀의 가격이 부모의 소득상승으로 인해 점차 상승하므로 출산과 자녀 양육에 소요되는 비용도 함께 증가해 자녀를 덜 출산하려는 대체효과를 발생시킨다.

따라서 Becker(1960)는 소득상승에 따른 자녀의 양육비용이 증가할수록 부모는 자녀의 수를 줄이고(출산율 감소), 적은 수의 자녀에 대해 고비용이 요구되는 양질의 보육과 교육을 통해 투자의 질을 제고하려 노력한다고 파악하였다.[1] 즉 부모의 소득상승은 출산과 양육에 투자할 시간을 제약할 뿐만 아니라 그 비용을 증가시키므로 자녀의 수를 줄이고 대신 질을 높이려는 상충관계(trade-off relationship)를 유발한다. 이상의 논의는 자녀의 수와 사회계층의 이동성 제고 간에는 음(-)의 상관관계가 형성될 수 있다는 가정에 기초한다.

Easterlin(1968)과 Leibenstein(1975)의 이론은 '상대

1 일반적으로 소득수준이 높은(혹은 부유한) 가구에서는 소득수준 상승이 자녀의 출산과 양육에 미치는 양(+)의 효과(소득효과)에 비해 음(-)의 효과(대체효과)가 크게 나타난다고 알려져 있다.

소득가설'(relative income hypothesis)에 기초하는데, 이는 Duesenberry(1949)가 제시한 것으로 "소비가 현재소득뿐만 아니라 타인의 소득이나 과거소득(과거에 누렸던 소비수준) 등의 상대소득에 영향을 받는다는 이론"이다. 상대소득가설은 현재 소비가 과거의 최고 소비수준에 영향을 받기 때문에 한번 최고의 소비수준에 도달한 뒤에는 소득이 줄어도 소비를 감소시키기 어렵다는 소비의 '비가역성'(irreversibility)을 전제한다.

Easterlin(1968)의 세대 간 상대소득모형은 상대소득가설에 기초해 동태적 관점에서 가구나 개인의 선호에 시간의 변화를 반영하고, 세대 간의 소득 차이나 세대별 인구수의 차이가 출산의 결정에 미치는 영향을 분석하였다. 예를 들어 만약 젊은 세대의 근로자 수가 감소하면, 노동시장에서 경쟁이 약해져 임금이 높아지므로 그들의 생활수준이 향상되어 결혼과 출산이 증가하게 된다. 즉 Easterlin(1968)은 부모세대의 소득 대비 자녀세대의 잠재적 소득 비율이 높을수록 자녀세대의 결혼 가능성이 증가하고 더 많은 자녀를 출산할 수 있다는 가설을 설정하였다.

만약 어떤 이유에서든 특정 세대의 인구수가 적으면, 그 세대는 상대적으로 쉽게 노동시장에 진입하고 소득이 높아져 출산율을 증가시킨다. 그러나 약 20년 후 자녀세대는 노동시장의 진입이 상대적으로 어렵게 되어 소득이 줄어들게 되므로 출산율을 감소시키는 현상이 생겨난다. 따라서

Easterlin(1968)의 이론은 Becker(1960)의 정태적 모형과는 달리 동태적 관점의 출산율 결정모형이다.

Leibenstein(1975)의 사회적 상대소득모형은 미시경제학적 접근을 통해 편익에서 비용을 차감한 순효용에 의해 출산율이 결정된다고 제시하였다. 이때 출산의 편익은 소비효용, 생산효용 및 보험효용이며,[2] 비용은 자녀의 출산과 양육에 따른 회계비용과 기회비용이다. 일반적으로 소득수준이 상승함에 따라 자녀로부터 얻는 편익은 감소하는 반면, 자녀의 양육비용은 증가하는 경향을 나타낸다. 즉 소득수준의 향상은 출산의 유인을 줄어들게 만든다.

구체적으로 소득수준이 낮은 가구에서는 상대적으로 많은 수의 어린아이들이 스스로 의식주를 충당하고 부모의 생산 활동에 도움을 준다. 그러나 소득수준이 높은 가구에서는 자녀들이 훨씬 많은 나이에 도달해서야 노동시장에 참여하므로 자녀로부터 얻을 수 있는 생산효용이나 소비효용이 상대적으로 떨어지게 된다. 또한 소득수준이 낮은 가구에서는 자녀가 경제력을 상실하는 노년기의 부모를 부양하는 경우가 종종 있지만, 소득수준이 높은 가구에서는 부모 스스로가 노년기를 충분히 준비할 여력이 있으므로 자녀로부터 부양받기를 기대하는 보험효용이 줄어들게 된다. 따라서 출산의 편익은 소득

2 보험효용은 부모가 경제력을 상실하는 노년기에 자녀의 부양을 받을 수 있다는 기대로 생겨난다.

수준이 증가할수록 감소하게 되므로 출산의 유인이 줄어들게 된다.[3]

마찬가지로 소득수준이 상승할수록 자녀의 양육비용은 늘어나고, 이는 출산율 감소를 유도한다. 왜냐하면 소득증가율이 클수록 직업 전문화의 정도는 높아지고 직업 분포가 변동하게 되므로 자녀의 교육훈련에 소요되는 경비가 증대되어 출산억제의 동기가 크게 형성되기 때문이다. 이상의 Leibenstein(1975) 모형은 Easterlin(1968) 모형의 시계열 준거 기준과는 달리 횡단면 준거 기준, 즉 동시대의 사회계층에 준거하여 출산과 소비지출에 대한 선호가 사회계층별로 다를 수 있다고 설명하였다.

마지막으로 Cigno(1992)의 자산소득이론은 세대 간 증여(inter-generational transfer)에 기초하며, 부모는 자녀를 투자재로 간주하면서 전개한 이론이다. 부모들은 은퇴 후 노년기의 소득보전을 염두에 두고 출산 및 양육을 통해 자신의 소득을 자녀들에게 이전한다. 만약 부모가 자녀에 대한 투자의 내부수익률이 시장수익률보다 높을 것으로 예상하면, 기꺼이 자녀의 출산과 양육을 선택한다. 그러나 부모가 이상의 수익률

3 이러한 편익은 가구가 아닌 국가를 대상으로도 설명할 수 있다. 즉 소득수준이 높은 국가에서는 자녀들이 상대적으로 오랜 기간 교육을 받을 뿐만 아니라 노후대비를 위한 금융시장이나 사회보장제도가 비교적 잘 발달되어 있다. 즉 소득수준이 높은 국가는 낮은 국가에 비해 상대적으로 출산의 편익은 줄어들고 비용이 많이 들어 전체적인 출산율이 낮은 수준에 머물게 된다.

이 반대로 생겨날 것으로 예상하면, 부모는 다른 투자메커니즘을 통해 노후소득의 보전을 추구할 것이므로 출산의 유인은 줄어들게 된다.

따라서 Cigno(1992)의 자산소득이론은 Leibenstein(1975)의 미시적 접근과는 달리 출산의 결정이 거시적 관점에서 다양한 투자수익률 변동에 영향을 받을 수 있다고 파악하였다. 즉 Cigno(1992)는 거시적 관점에서 시장이자율의 변동에 따른 사적투자(자녀에 대한 투자)와 시장투자(예를 들어 공적·사적 연금가입)의 비중 변화가 출산율의 변화를 가져올 것으로 예측하였다.

이상과 같은 출산의 결정에 관한 전통적 이론은 다양한 경제사회적 요인들이 출산의 결정에 영향을 미친다고 제시하였다. 다시 말해 특정 국가나 사회의 출산율 결정요인으로는 소득수준, 교육수준, 여성의 고용(경제활동참여), 임금수준, 출산과 양육에 따른 비용, 산업구조의 변화, 출산에 대한 문화나 사회적 인식, 금융시장의 발전, 사회보장제도(출산과 육아 보조금), 자녀의 기대수익률, 공적·사적 연금의 발전 등을 들 수 있다. 이러한 출산율 결정요인들의 유효성은 다양한 선행연구에서 검토되었으며, 주요 내용은 본서의 이후 논의에서 살펴본다.

2. 사망률의 감소

사망률 감소는 출산율 변천에서 초창기 감소의 가장 큰 원인으로 종종 언급된다. 이는 부모가 자녀의 수를 결정하면서 태어난 아이의 수보다 성인이 될 때까지 생존하는 아이의 수에 더 많은 관심을 기울인다는 사실에 기초한다. 만약 사회 전체의 사망률이 감소하면, 출산율이 줄어들지라도 생존하는 성인의 수가 같아지거나 많아질 가능성이 존재한다.[4] 즉 사망률의 감소는 부모가 출산을 줄이려는 '동기'에 큰 영향을 미친다.

그렇다면 특정 국가의 사망률은 어떻게 측정하며, 시계열적으로 감소하는 이유는 무엇일까? 선행연구에서는 특정 국가의 사망률을 반영하기 위한 대표적 변수로 '유아사망률'(infant mortality rate), 즉 "출생인구 1,000명당 5세 미만의 유아 사망자 수(명)"와[5] '출생 시 기대여명'(life expectancy at birth), 즉 "출생아가 향후 생존할 것으로 기대되는 평균 생존연수(세)"를 사용하였다. 특히 유아사망률은 국가의 개괄적인 사망률 수준이나 의료보건 혹은 경제사회적 상태를 파악하는 데 중요한 지표로 활용되어 왔다.

실증적 자료는 많은 산업화된 국가에서의 사망률이 18세기 중반 이후 크게 개선되기 시작하였음을 나타내는데, 이는

---

4 제1장에서 언급한 순재생산율은 사망률과 출산율을 동시에 고려하는데, 특정 국가나 사회의 "순재생산율=1"은 인구증가율이 영(0)임을 의미한다.

5 Mauldin and Berelson(1978)은 1965년~1975년의 개발도상국에서 나타난 출산율 감소와 가장 상관관계가 높은 변수 중 하나로 유아사망률을 제시하였다. 또한 Becker et al.(1999)은 다양한 경제발전 단계의 국가를 고려한 분석에서 유아사망률이 출산율 결정에 통계적으로 유의한 양(+)의 영향을 미치는 것으로 파악하였다.

사망률의 감소가 소득수준과 밀접하게 관련된다는 사실을 반영한다. 소득수준의 향상은 깨끗한 물과 음식을 확보할 수 있게 하고, 의학의 발전과 치료를 확대함으로써 유아사망률을 감소시킬 뿐 아니라 출생 시 기대여명을 상승시킨다. 한편 개발도상국들은 산업화된 국가들에 비해 낮은 소득수준에서 사망률이 감소하는 변천을 경험하였다. 이러한 현상은 산업화된 국가의 경험이 개발도상국에 전달되었기 때문에 가능할 수 있었다.[6]

[표 2-1] 유아사망률과 출생 시 기대여명의 변천

연도	유아사망률(명)	출생 시 기대여명(세)	연도	유아사망률(명)	출생 시 기대여명(세)
1960	111.9	55.42	1995	10.5	73.70
1965	86.9	57.97	2000	7.5	75.91
1970	61.2	62.16	2005	5.6	78.17
1975	46.0	64.15	2010	4.1	80.12
1980	36.2	66.05	2015	3.5	82.02
1985	24.6	68.80	2020	3.0	83.43
1990	15.6	71.60			

자료: 통계청 국가통계포털

6 이처럼 산업화된 국가의 경험과 지식이 개발도상국에 전달될 수 있다는 내용은 황진영(2016)을 참고할 수 있다.

〈표 2-1〉은 1960년부터 2020년까지 5년 단위의 우리나라 유아사망률과 출생 시 기대여명의 변천을 보여준다. 유아사망률은 1960년 111.9명에서 매년 줄어들어 2020년 3.0명으로 급격히 감소하였다. 출생 시 기대여명은 1960년 55.42세에서 5년 단위로 약 1~4세 늘어나 2020년 83.43세로 증가하였는데, 이는 출생 시 기대여명이 평균적으로 매년 약 0.47세 증가하였음을 의미한다. 우리는 1960년 이후 출산율이 감소하였다는 사실(〈그림 1-1〉 참고)과 〈표 2-1〉의 자료를 같이 고려하면, 사망률 감소가 출산율 하락의 가능한 원인이었음을 쉽게 짐작할 수 있다. 즉 출산율 변천은 사망률 변천과의 상호작용을 통해 이루어졌다.

[표 2-2] 1950년~2100년의 지역별 유아사망률(명) 추계

지 역	1950년~1955년	1985년~1990년	2015년~2020년	2050년~2055년	2095년~2100년
아프리카	311	170	71	33	18
아시아	234	93	31	13	6
유 럽	93	19	5	2	1
라틴아메리카 및 카리브해	187	61	19	8	4
북아메리카	36	12	7	3	2
오세아니아	94	38	23	11	5
전 세계	213	96	40	21	12

자료: 국제연합(United Nations, 2019)

유아사망률과 소득수준 간의 밀접한 관련성은 국가 간 자료에서도 관측된다. 〈표 2-2〉는 국제연합(United Nations, 2019)이 제공하는 세계의 지역별 유아사망률 추계를 나타내는데, 최근인 2015년~2020년의 연평균 유아사망률을 기준으로 전 세계 평균 유아사망률은 40명이며, 아프리카가 71명으로 가장 높으며 유럽이 5명으로 가장 낮다. 이는 유럽의 출산율이 다른 지역의 출산율에 비해 가장 낮다는 사실을 설명하는 가능한 이유 중 하나이다.

〈표 2-2〉는 전 세계의 모든 지역에서 유아사망률이 향후 지속해서 감소할 것으로 추계하는데, 이는 현재 사망률이 낮은 국가가 축적한 지식과 경험이 상대적으로 사망률이 높은 국가로 전달되기 때문에 가능해진다. 따라서 우리는 현재 유아사망률이 상대적으로 낮은 국가에서는 유아사망률이 더는 출산율 결정에 큰 영향을 미치지 않을 것으로 예상할 수 있다. 왜냐하면 사망률 변천이 끝난 상태에서는 성인이 될 때까지 생존을 예상하는 불확실성이 거의 사라지기 때문이다.

3. 가족 형성의 변동

전통적 가족은 남녀의 혼인, 자녀의 출산, 자녀의 독립 및 배우자의 사망과 같은 인구동태적 사건에 따라 형성되고 해체(소멸)된다. 그러나 오늘날 가족 형성은 전통적 방식과는 달리 다양한 형태로 이루어지고 있다. 예를 들어 일부 국가들에서는 법률상의 결혼이 아닌 동거에 의해서도 가족이 형성되며 혼외출산도 자연스럽게 받아들인다.[7] 또한 가족의 확대는 출산이 아닌 입양을 통해 가능하고, 남자의 정자를 기증받은 여성이 자녀를 출산하는 경우도 있다. 또한 독신, 비혼 및 미혼[8] 등이 증가하면서 1인 가구가 많아지기도 하고, 가족의 해체가 배우자의 사망이 아닌 이혼이나 별거를 통해 발생하기도 한다. 이처럼 다양한 가족 형성의 변동은 자연스럽게 출산의 동기에 영향을 미친다.

우리나라에서는 가족 형성의 변동 중 혼인율과 이혼율 변동이 출산율 결정과 밀접하게 관련된다. 즉 우리나라에서는 법률상 혹은 사회 통념상 결혼을 통해서만 자녀를 출산하고 양육할 수 있으므로 혼인율 감소와 이혼율 증가는 출산율 감소에 직접적 영향을 미친다. 혼인율 감소는 산업구조의 변동(즉 1차 산업의 감소)과 핵가족화, 여성의 교육수준 향상과 경제활동참여의 증가,[9] 가족부양의 인식 변화, 초혼연령의 상승, 독신, 비혼 및 미혼의 증가 등 다양한 요인에 기인한다.

〈그림 2-1〉과 〈그림 2-2〉는 2000년~2021년의 우리나

7 특히 여러 유럽 국가에서는 혼외출산을 자연스럽게 받아들이며, "전체 출생아 대비 혼외 출산아 비율"도 상당히 높은 수준이다. 이 점과 관련된 내용은 제5장에서 구체적으로 살펴본다.

8 비혼은 결혼하지 않는 것을 선택한 것이며, 미혼은 결혼하고 싶지만 하지 못한 상태를 일컫는다.

9 Schoen et al.(2002)은 여성의 경제활동참여 증가가 여성의 경제적 독립을 증가시켜 이혼율에 양(+)의 영향을 미친다고 주장하였다.

그림 2-1 우리나라의 조혼인률(건)

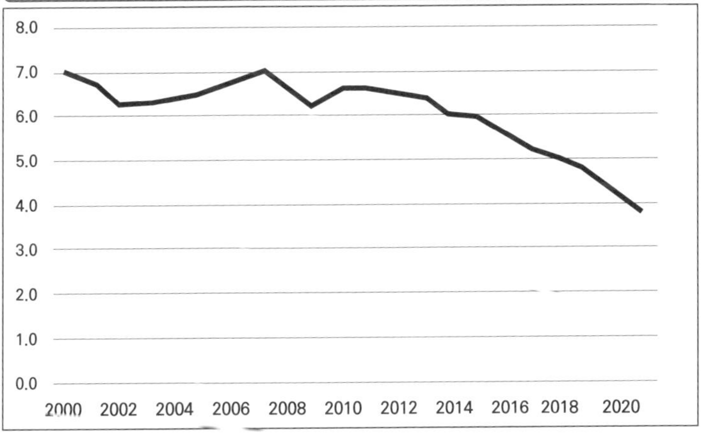

자료: 통계청 국가통계포털

그림 2-2 우리나라의 조이혼률(건)

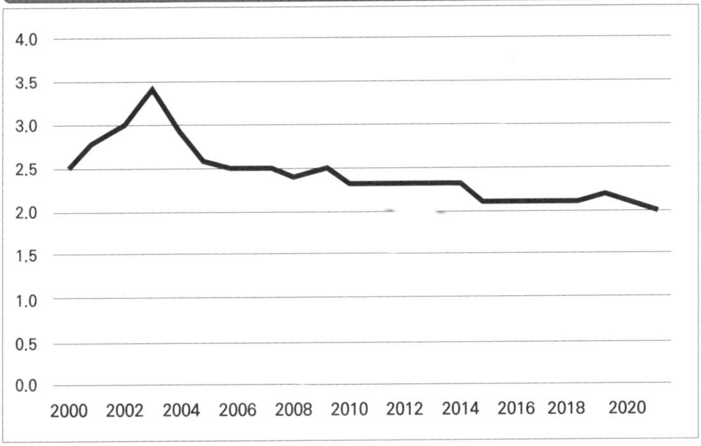

자료: 통계청 국가통계포털

라 '조혼인율', 즉 "1년간 신고된 총 혼인 건수를 당해 연도의 7월 1일 기준 인구수로 나눈 후 그 수치를 1,000분비로 나타낸 값(건)"과 '조이혼율', 즉 "1년간 신고된 총 이혼 건수를 당해 연도의 7월 1일 기준 인구수로 나눈 후 그 수치를 1,000분비로 나타낸 값(건)"의 추이를 나타낸다. 조혼인율은 2010년 6.5건 이후 급격히 하락해 2021년 3.8건으로 줄어들었지만, 조이혼율은 2010년 2.3건에서 2021년 2.0건으로 완만하게 감소하였다. 만약 우리가 2010년 이후의 급격한 조혼인율 감소를 고려해(이혼은 혼인 이후에 가능함) 이혼율을 산정한다면, 조이혼율 추이가 크게 변동하지 않았거나 오히려 증가하였을 가능성이 있다.

우리나라는 법률혼 이외의 가족 형태나 혼외출산을 쉽게 받아들이지 않고 있으므로 최근의 줄어드는 혼인율은 출산율 감소로 연결된다. 따라서 우리는 혼인율이 감소하는 이유를 출산율 감소의 원인과 같은 맥락에서 찾을 수 있다. 김유선(2016)은 통계청의 경제활동인구조사 부가조사 자료를 사용해 20~30대 청년의 혼인에 영향을 미치는 요인을 분석하였는데, 남녀 간의 차이를 발견하였다. 즉 남성의 혼인 확률은 학력수준이 높을수록, 취업한 상태에서 고용이 안정적일수록, 임금수준이 높을수록 증가하였다.

그러나 여성은 대졸 이상 고학력자의 혼인 확률이 낮게 관측되며(학력수준이 낮을수록 혼인 확률이 높게 나타남), 비경제활

그림 2-3 우리나라의 1인 가구 비율 추이(%)

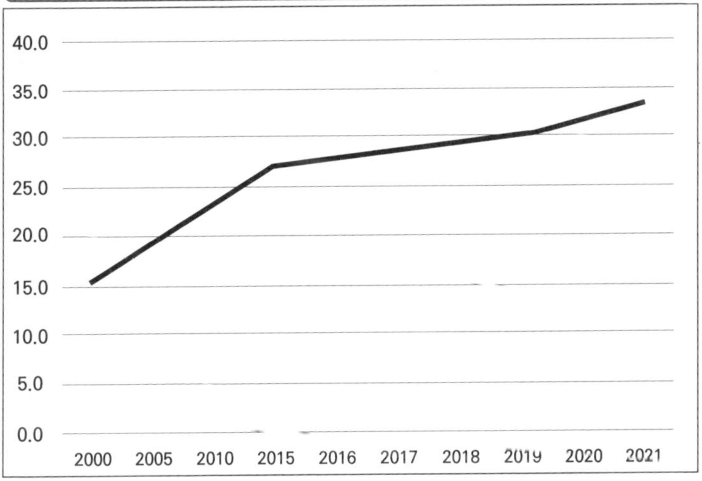

자료: 통계청 국가통계포털

동인구와 무급가족종사자 등 비취업자의 혼인 확률이 높게 나타났다. 김유선(2016)은 이상의 결과를 바탕으로 우리나라의 결혼시장에서는 '남성이 생계부양자'라는 인식이 강하게 작용한다고 지적하였다. 또한 그는 현재의 기혼여성 중심의 출산과 양육 정책의 강화와 더불어 적정한 소득수준이 보장되는 안정적 일자리 창출이 혼인율과 출산율을 증가시키는 유효한 정책일 수 있다고 주장하였다.

가족 형성 변동의 또 다른 특징은 독신, 비혼 및 미혼, 배우자의 사망, 이혼이나 별거 등의 이유로 인한 1인 가구의 증가이다. 〈그림 2-3〉은 2000년 이후 우리나라의 "전체 가구

대비 1인 가구 비율(%)"의 추이를 보여준다. 1인 가구 비율은 2000년 15.5%, 2015년 27.2%, 2021년 33.4%와 같이 지속해서 증가하였다. 1인 가구는 결혼에 대한 가치관 변화, 개인주의 경향 증대 등으로 인해 증가하는 독신이나 비혼과 같은 자발적인 1인 가구와 미혼이나 배우자의 사망과 같이 비자발적인 1인 가구를 포함한다. 1인 가구가 어떤 원인으로 형성되든 그 증가는 출산을 감소시키는 직접적 원인으로 작용한다.

예를 들어 혼인상태의 배우자가 있는 1인 가구는 직업이나 자녀 교육 등의 이유로 형성되는데,[10] 이러한 1인 가구의 증가는 경제적 부담을 증가시켜 자녀의 출산과 양육을 제약한다. 특히 배우자가 있는 1인 가구가 가임기 인구일 때는 출산을 직접적으로 억제하는 요인으로 작용할 수 있다. 이혼이나 별거로 인한 1인 가구는 가임기 인구 여부에 따라 출산에 미치는 영향이 다를 수 있다. 그러나 이혼이나 별거로 인한 1인 가구가 출산율 감소에 미치는 영향은 독신, 비혼 및 미혼으로 인한 1인 가구의 경우에 비해 상대적으로 크지 않을 수 있다. 왜냐하면 황혼이혼으로 형성된 1인 가구는 가임기 인구가 아닐 뿐 아니라 이혼은 재혼으로 이어질 수 있기 때문이다.

따라서 〈그림 2-3〉과 같이 2000년 이후 우리나라에서는 전통적 가족 형성의 가치관이 퇴색하고 1인 가구가 증가하면서 급격한 출산율 감소로 이어졌다. 임병인·서혜림(2021)은

10 우리는 이러한 형태의 가족을 기러기 가족·주말부부 등으로 부른다.

보건사회연구원에서 발간하는 2015년과 2018년의 『전국 출산력 및 가족보건·복지 실태조사』 자료를 사용해 여성의 가족 가치관과 결혼 및 출산 의향 간의 관련성을 분석하였다. 그들의 몇 가지 추정결과는 가족 형성의 변동이 결혼과 출산에 큰 영향을 미친다고 제시하였다.

즉 임병인·서혜림(2021)은 2018년 미혼 여성의 결혼 의향과 자녀가 있는 기혼여성의 추가 출산 의향이 2015년의 경우에 비해 유의하게 낮은 것으로 추정하였으며, 전통적 가족 가치관에 긍정적인 미혼 여성일수록 결혼 의향이 높은 것으로 관측하였다. 그러므로 1인 가구의 증가(〈그림 2-3〉)는 〈그림 2-1〉의 혼인율 감소와 〈그림 1-1〉의 출산율 감소와 직접적으로 관련되며, 이들 현상의 공동변동(co-movement)이 나타난다.

제3장

여성의 경제활동참여

제3장

여성의 경제활동참여

선행연구에서는 여성의 경제활동참여 증가를 출산율 감소의 요인으로 가장 많이 언급하였다. 본 장에서는 여성의 경제활동참여와 출산 간의 관련성을 분석한 내용, 즉 '여성 경제활동참여의 결정요인', '여성의 경제활동참여와 출산', '여성의 취업과 모의 연령별 출산', '여성의 고용, 출산 및 성장 간의 내생성'을 차례로 살펴본다.

1. 여성 경제활동참여의 결정요인

일련의 선행연구에서는 여성의 경제활동참여와 출산 간에는 음(-)의 내생적 관련성이 성립한다고 주장하였다.[1] 즉 여성의 경제활동참여율이 출산율 결정에 매우 큰 영향을 미칠 뿐 아니라 출산율 변동이 여성의 경제활동참여율 결정에도 영

1 이러한 내생적 관련성은 본 장 제2절과 제4절에서 살펴본다.

향을 미친다. 본 절에서는 여성 경제활동참여의 결정요인을 살펴보고, 여성의 경제활동참여 증가가 출산의 결정에 미치는 영향은 다음 절에서 검토한다. 여성 경제활동참여의 결정요인을 논의하는 이유는 그 결정요인이 여성의 경제활동참여라는 전달경로(transitional mechanism)를 통해 간접적으로 출산의 결정요인으로 작용하기 때문이다.

초창기 연구에서는 여성의 경제활동참여를 시간이나 경제적 제약조건에서 여성의 노동공급에 따른 임금수준(즉 경제활동참여의 편익)과 출산과 양육에 따른 비용(즉 경제활동참여의 비용) 간의 선택문제로 파악하였다. 예를 들어 여성은 실질임금이 상승할수록 경제활동참여를 증가시킨다. 왜냐하면 임금수준은 노동공급을 증가시키는 중요한 요인으로 작용하기 때문이다. 또한 교육수준이 높은 기혼여성은 출산과 양육에 드는 높은 비용을 부담해야 하므로 출산을 줄이는 대신 경제활동참여를 늘리려고 한다.

1980년대 이후 선행연구에서는 여성의 경제활동참여가 단순히 노동과 출산 간의 선택문제가 아니라 다양한 경제적·사회적·문화적 요인들에 의해 영향을 받는다는 사실을 제시하였다. 예를 들어 Psacharopoulos and Tzannatos(1989)는 가계의 소득·연령·출산(자녀의 수와 연령)·종교(특히 기혼여성의 사회활동 수용 여부)·여성의 교육수준 등 다양한 요인들이 여성 경제활동참여의 결정에 영향을 미친다고 주장하였다. 구체적으로 배우자의 임금수준은 가계의 소득수준 결정에 영향을 미치므로 배우자가 경제활동을 하지 않거나 임금수준이 낮을수록 혹은 가구 구성원 중 다른 사람의 소득이 없거나 낮을수록 기혼여성의 경제활동참여율이 증가한다.

기혼여성은 자녀의 수가 적거나 자녀의 나이가 많을수록 경제활동참여를 늘리려 한다. 또한 기혼여성의 사회활동이나 노동력에 대한 사회나 기업의 수용 여부 혹은 태도가 여성의 경제활동참여율 결정에 영향을 미친다. 예를 들어 기혼여성의 노동참여에 대한 기업의 수용 노력, 즉 기혼여성의 경제활동참여에 대한 편견이 없는 사회적•문화적 환경의 조성, 기혼여성에 대한 시간 근무의 편의 제공, 기혼여성의 노동력에 적합한 직무의 개발, 기혼여성의 노동력에 대한 부가급여의 제공 등이 갖춰질수록 기혼여성의 경제활동참여율이 높아진다.

장지연 외 2인(2005), Aysit(2002) 등은 산업구조의 변화가 여성의 경제활동참여율에 영향을 미친다고 제시하였다. 즉 산업구조가 제조업 위주에서 서비스업 확대로 전환되고, 교육•보건•노인복지 등의 사회서비스에 대한 수요가 많아질수록 여성노동력에 대한 수요가 증가하므로 여성의 경제활동참여가 늘어난다. 마찬가지로 20세기 말부터 시작된 정보통신기술(Information and Communications Technology, ICT)의 발달로 인한 정보화 시대에는 여성 경영자들이 동료와의 의사소통이나 피드백의 강화와 같은 소프트 기술 측면에서 남성 경영자들보다 뛰어날 수 있으므로 경영자로서 여성의 역할이 증대될 수 있다.

즉 ICT 발전은 전문지식과 창의력을 갖춘 여성의 고급인력에 대한 수요를 증대시켰으며, 자연히 고학력 여성들의 경제활동참여가 증가하는 계기가 되었다. Chen(2004)은 여성의 경제활동에 제약이 많은 개발도상국에서도 ICT 발전이 여성의 경제활동참여를 증가시키는 계기가 될 수 있다고 지적하였다. 즉 ICT 발전은 여성이 남성과 얼굴을 마주 대하지 않는 비대면 경제활동이나 재택근무를 가능하게 하였으며, 이는 여성의 경제활동참여 및 고용의 증가를 유도하였다.

또한 일련의 선행연구에서는 법•제도적 요인이나 다양한 정부정책이 여성의 경제활동참여율에 영향을 미치는 것으로 파악하였다.[2] 예를 들어 출산과 양육의 부담을 줄일 수 있는 다양한 사회보장 혹은 노동시장 정책(예를 들어 육아보조금의 지급, 보육기반 확충, 유연근무제, 육아휴직•보육휴직, 시간제 근무의 노동시장 형성 등)들이 발전한 국가일수록 여성의 경제활동참여율이 높게 형성된다.

최근에는 사회 전체적인 가족 형성의 변동, 문화나 인식의 변화 등이 여성의 경제활동참여율 결정에 영향을 미치는 요인으로 작용한다. 예를 들어 이혼율의 증가나 1인 가구의

---

2 예를 들어 박종서 외 5인(2015)은 노동시장의 제도적 요인과 여성의 경제활동참여 간의 관련성을 살펴보았다.

증가는 여성의 경제적 독립과 맞물려 경제활동참여의 증가로 이어질 수 있다. 그러므로 여성 경제활동참여의 결정은 다양한 경제적·사회적·문화적·정책적 요인들에 의해 영향을 받게 되며, 이들 요인은 직접적으로 출산과 관련될 뿐 이니라 여성의 경제활동참여를 통해 간접적으로 출산을 결정하는 요인으로 작용한다.[3]

2. 여성의 경제활동참여와 출산

이미 언급하였듯이 선행연구에서는 여성의 경제활동참여와 출산 간에는 음(-)의 내생성이 성립한다고 설명하였다. 여성의 경제활동참여 혹은 고용의 증대(혹은 임금의 상승)는 미시적 관점에서 자녀 양육의 기회비용을 상승시키므로 출산의 감소로 이어진다. 또한 출산의 감소는 부모에게 자녀의 성별과 관계없이 교육의 질 개선에 더 큰 관심을 기울이게 하므로[4] 인적자본 형성을 위한 투자를 증가시키고, 이는 여성의 취업이나 임금수준 상승에 영향을 미쳐 경제활동참여를 늘리도록 유도하는 요인으로 작용한다.[5]

---

3 일부 선행연구에서는 여성의 경제활동참여 증가가 1990년대 이후 활발히 진행되었던 민주주의 사조의 확산이나 세계화 진전과도 무관하지 않다고 주장하였다(La Croix et al., 2003).

4 이는 Becker(1960)가 제시한 자녀 교육의 양과 질 간의 상충관계 모형에 기초한다.

5 일부 초창기 연구에서는 출산의 감소로 인해 여유시간이 늘어난 여성들이 경제활동참여를 증가시킨다고 파악하였다(Mincer, 1963; Willis, 1973).

또한 여성의 교육수준 향상이나 경제활동참여의 증가는 결혼과 출산을 지연시키는 역할을 한다.[6] 즉 여성이 경제활동참여를 늘릴수록 결혼이 늦어지고 출산연령이 높아지게 되는데, 이는 더 많은 자녀를 가질 기회를 제약하므로 출산율이 감소하는 원인이 된다.[7] 따라서 여성의 경제활동참여가 출산의 결정에 미치는 영향은 직접적이며 상대적으로 단기간에 이루어지는 반면, 출산의 정도가 여성의 경제활동참여에 미치는 영향은 교육투자와 같은 전달경로를 통해 이루어지므로 간접적이며 상대적으로 장기간에 걸쳐 발생한다. 예를 들어 Lee et al.(2012)은 1980년~2008년의 8개 동아시아 국가와 15개 유럽 국가의 패널자료를 이용해 동아시아 국가와 유럽 국

---

6 Hwang and Lee(2014)는 1980년, 1995년 및 2005년의 156개 국가 간 자료를 이용해 여성의 교육수준이 초산연령(출산의 시기)을 상승시키고 합계출산율(출산의 수준)을 떨어뜨린다는 추정결과를 도출하였다. 그러나 그들은 고학력 여성의 증가가 합계출산율 감소에 미치는 영향은 전통적 유의수준에서 통계적으로 유의하지 않은 것으로 관측하였다. 그들은 이러한 결과에 대한 가능한 설명으로 고학력 여성이 많아질수록 여성의 지위와 양성평등의 의식이 사회 전체적으로 향상되므로 출산·양육과 양립할 수 있는 여성의 고용이 가능해질 수 있다고 제시하였다.

7 우리는 여기서 한 가지 사항을 지적하고자 한다. 여성의 경제활동참여율이 상대적으로 높은 국가나 출산율이 상대적으로 낮은 국가에서는 여성의 경제활동참여가 초산연령에 미치는 영향이 크지 않을 수 있다. Matysiak(2009)은 여성의 경제활동참여율이 상대적으로 높은 국가, 즉 직장과 육아를 병행할 수 있는 제도적 장치를 갖춘 국가(선진 복지국가) 혹은 경제활동참여율이 출산율에 큰 영향을 미치지 않는 국가, 즉 미개발·저개발의 농경국가에서는 여성의 경제활동참여율이 초산연령에 큰 영향을 미치지 않을 수 있다고 주장하였다.

가 모두에서 여성 경제활동참여의 변동이 출산율 결정에 미치는 영향의 크기가 출산율 변동이 경제활동참여 결정에 미치는 영향의 크기에 비해 크게 나타난다고 추정하였다.

국가 간 자료를 이용한 거시적 실증분석에서는 이상의 두 변수 간에 대체로 음(-)의 관련성이 성립하는 것으로 관측하였다.[8] 그러나 우리는 여성의 경제활동참여와 출산 간의 음의 관련성이 모든 국가와 시기에 적용되는 일관성 있는 결과로 받아들이지 않는다. 예를 들어 Kögel(2004)은 OECD 국가들의 시계열자료를 이용해 여성의 경제활동참여와 출산 간의 음(-)의 관련성은 1980년대 초반까지 유효하며, 그 이후부터는 양(+)의 관련성이 성립할 수 있음을 발견하였다. 그런데도 Kögel(2004)은 이상의 두 변수 간 양의 관련성이 성립할 수 있는 이유로 각 국가의 관측되지 않은 독특한 특징이나 음의 관련성의 크기에 대한 국가 간 이질성에 기인한다고 제시하면서, 이상의 두 변수 간의 관련성이 음에서 양으로 바뀌지는 않은 것으로 파악하였다.

우리는 여성의 출산과 경제활동참여 간의 국가 간 관련성이 최근 자료에서는 어떻게 나타나는지 살펴볼 필요가 있다. 〈표 3-1〉은 주요 국가의 2020년 합계출산율과 2021년 여성의 경제활동참여율(female labor force participation rate)

---

8 예를 들어 Bloom et al.(2009)은 국가 간 패널자료를 이용해 출산이 여성의 경제활동참여에 음(-)의 영향을 미친다고 추정하였다.

[표 3-1] 주요 국가의 합계출산율(명)과 여성의 경제활동참여율(%)

국 가	합계출산율	경제활동 참여율	국 가	합계출산율	경제활동 참여율
대한민국	0.8	53.7	이스라엘	2.9	58.2*
덴마크	1.7	58.1	이탈리아	1.2	40.1
말레이시아	2.0	55.3*	인도	2.2	26.2*
멕시코	2.1	43.6	일본	1.3	53.5
미국	1.6	56.1	중국	1.7	63.7***
베트남	2.0	68.2	캐나다	1.4	60.6
보츠와나	2.8	60.9*	파키스탄	3.4	24.5
아르헨티나	2.2	50.5	프랑스	1.8	52.2
앙골라	5.4	37.0**	호주	1.6	61.2
전 세계 평균	2.4	46.3	OECD 국가 평균	1.6	51.8

주: *는 2020년, **는 2014년, ***는 2010년 자료임.
자료: 세계은행(World Bank)

을 나타낸다. 합계출산율은 〈표 1-3〉의 값과 동일하며, 여성의 경제활동참여율은 세계은행(World Bank)이 제공하는 값으로 "15세 이상의 여성 중에서 경제활동에 참여하는 비율(%)"로 측정한다.

〈표 3-1〉은 전 세계 국가와 OECD 국가의 평균 여성의 경제활동참여율이 각각 46.3%와 51.8%이므로 저개발이나

개발도상국보다 산업화된 국가에서의 경제활동참여율이 높은 것으로 제시한다. 그러나 우리가 〈표 3-1〉를 사용해 출산율과 여성의 경제활동참여율 간의 일률적인 관계를 찾기란 불가능해 보인다. 왜냐하면 앙골라·인도·파키스탄 등은 상대적으로 높은 수준의 출산율과 낮은 수준의 경제활동참여율을 기록한 반면, 보츠와나·이스라엘 등에서는 상대적으로 높은 수준의 출산율과 경제활동참여율이 동시에 나타나기 때문이다. 일부 산업화된 국가 간에도 이상의 두 변수 간의 관계가 명확하지 않다. 한편 우리나라의 출산율은 세계에서 가장 낮은 수준이지만, 경제활동참여율(53.7%)은 OECD 국가의 평균(51.8%)을 상회한다.

이상의 관측은 두 가지 시사점을 제공한다. 첫째, 앞 절에서 살펴본 바와 같이 여성의 경제활동참여율은 다양한 경제적·사회적·문화적 요인에 의해 영향을 받기 때문에 국가에 따라 상당히 다양하며 국가 간 일률적인 패턴을 찾기 매우 어렵다. 둘째, 경제활동참여와 출산 간에는 비선형(non-linear)의 관계가 형성될 가능성이 있다. 즉 두 변수 간에는 국가 간 분류에 따라 양 혹은 음의 관련성이 나타날 수 있다.

여성의 경제활동참여와 출산 간의 관련성이 비선형의 형태일 수 있다는 사실은 황진영(2013b)이 제시하였다. 〈그림 3-1〉은 통계자료가 가용한 180여 개의 국가를 대상으로 1980년, 1995년 및 2005년을 통합해서(pooling) 나타낸 두

그림 3-1 여성의 경제활동참여율(FLP)과 합계출산율(TFR) 간의 산포도

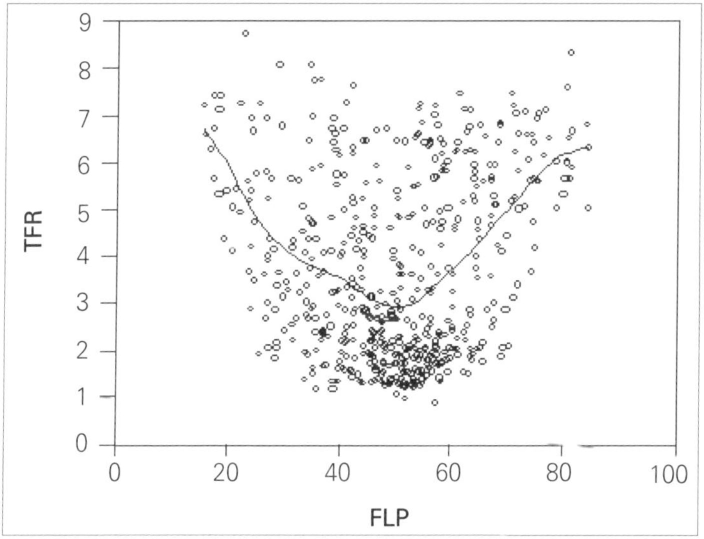

출처: 황진영(2013b)

변수 간의 산포도(scatter plot)이다.[9] 〈그림 3-1〉의 흩어진 점들은 여성의 경제활동참여율(%, FLP)과 합계출산율(명, TFR) 간에 명확한(뚜렷한) 관계가 외형상 존재하지 않는 것처럼 보이게 한다. 즉 여성의 경제활동참여율과 합계출산율 간의 상관계수가 약 0.09로 나타났다.[10] 그러나 '에파네치니코프 커널 적합

9 〈그림 3-1〉은 황진영(2013b)에서 발췌한다.

10 〈그림 3-1〉에서는 1980년, 1995년 및 2005년의 여성 경제활동참여율이 약 80% 혹은 그 이상이면서 합계출산율이 5명 이상인 국가들이 존재하는데, 주로 농경사회인 아프리카의 르완다·모잠비크·부룬디·우간다·탄자니아 등의 국가들이다.

도'(Epanechnikov Kernel fit: 산포도 가운데 있는 곡선)는[11] U자에 가까운 형태를 나타낸다. 따라서 두 변수 간에는 선형의 양 혹은 음의 관계가 아니라 U자 형태의 비선형 관계가 형성될 가능성이 있다.

황진영(2013b)은 2차 방정식 회귀분석에 근거해 〈그림 3-1〉에서 U자 곡선의 최저점에 해당하는 여성의 경제활동참여율이 약 53.7%라고 도출하였다. 그는 전체 표본을 여성의 경제활동참여율이 53.7% 이하인 국가들로 구성된 표본과 53.7%를 초과하는 국가들로 구성된 표본으로 분리해 이상의 두 변수 간의 상관계수를 계산하였는데, 각각 약 -0.40과 약 0.54로 관측하였다. 이러한 결과는 전체 표본을 여성의 경제활동참여율이 상대적으로 높은 국가들로 구성된 표본과 상대적으로 낮은 국가들로 구성된 표본과 같이 2개로 분리할 때 이상의 두 변수 간의 관계가 표본선택에 따라 다르게 나타날 가능성이 있음을 시사한다.

표본분리의 실증분석 결과는 상당히 흥미롭게 나타났다. 즉 여성의 경제활동참여가 상대적으로 낮은 수준의 국가(53.7% 이하)들로 구성된 표본에서는 여성의 경제활동참여율이

---

11 커널함수(Kernel function)는 원점을 중심으로 대칭이면서 적분값이 1인 비음(non-negative) 함수이며, 커널밀도함수(Kernel density function)는 이산적인 자료를 사용해 연속적인 밀도함수를 추정하는 것을 의미한다. 에파네치니코프 커널(Epanechnikov Kernel)은 2차항 형식(quadratic form)의 커널 함수이다.

합계출산율에 통계적으로 유의한 음(-)의 영향을 미친다는 결과가 관측되었다. 그러나 여성의 경제활동참여가 상대적으로 높은 수준의 국가(53.7% 초과)들로 구성된 표본에서는 여성의 경제활동참여율이 합계출산율에 전통적 유의수준에서 통계적으로 유의한 영향을 미치지 않는다는 결과가 도출되었다.

그러므로 여성의 경제활동참여가 출산에 미치는 영향은 국가별 경제 환경에 따라 다르게 나타날 수 있다. 일부 국가에서는 여성의 경제활동참여와 출산 간에 양의 관련성이 성립하는데, 이는 여성이 직장과 육아를 병행할 수 있도록 제도적 장치·사회보장·노동시장 정책 등이 잘 갖춰져 있을 때 가능해진다.[12] 만약 여성의 경제활동참여와 출산 간의 관련성이 크지 않거나 심지어 양의 관계를 형성한다면, 정책입안자는 중요한 정책적 시사점을 갖는다. 이처럼 경제활동참여가 출산을 제약하는 요인으로 크게 작용하지 않는다는 사실은 여성이 직장과 육아를 병행할 수 있는 제도적 장치가 잘 갖추어져 있으므로 경제내의 불확실성을 제거하는 형태의 노동시장 안정이나 여성의 고용안정 정책이 출산율 제고의 강력한 수단이 될 수 있음을 시사한다.

이상의 결과는 우리나라의 출산장려정책에도 시사점을 제공한다. 〈표 3-1〉에서와 같이 2021년의 우리나라 여성의

12 이러한 내용은 Brewster and Rindfuss(2000), Rindfuss et al.(2003) 등에 잘 나타나 있다.

경제활동참여율은 53.7%로 전 세계 평균(46.3%)이나 OECD 국가 평균(51.8%)보다 약간 높은 수준이다. 우리나라 여성의 경제활동참여율이 상승하는 추세를 고려할 때 향후 여성의 경제활동참여 자체가 출산에 미치는 영향은 크지 않을 수 있다. 따라서 우리 사회는 여성이 직장과 육아를 병행할 수 있는 제도적 장치의 확충과 더불어 효율적이고 안정적인 노동시장 혹은 고용정책을 마련하는 것이 출산율 제고의 실효성을 높이는 방안일 수 있다.

3. 여성의 취업과 모의 연령별 출산

대부분 실증적 선행연구에서는 여성의 경제활동참여와 출산의 정도를 반영하기 위해 지금까지 논의한 경제활동참여율과 합계출산율을 사용하였다. 그러나 이상의 변수에는 몇 가지 뚜렷한 한계점 혹은 고려하지 못하는 내용이 있다. 예를 들어 여성의 경제활동참여율은 그 계산과정에서 비경제활동인구를 포함하지 않으며, 합계출산율은 모(母)의 연령구조에 대한 특성을 고려하지 못한다는 한계를 지닌다.

구체적으로 여성의 경제활동참여율은 구직을 단념한 비경제활동인구를 계산에서 고려하지 않으므로 실질적인 여성의 경제활동 여부를 반영한다고 간주하기에는 어려움이 있다. 따라서 일부 선행연구에서는 여성의 경제활동 여부를 파악하기 위해 비경제활동인구를 계산에 포함하는 여성 취업률(혹은

그림 3-2 우리나라 여성취업율의 시계열 추이(%)

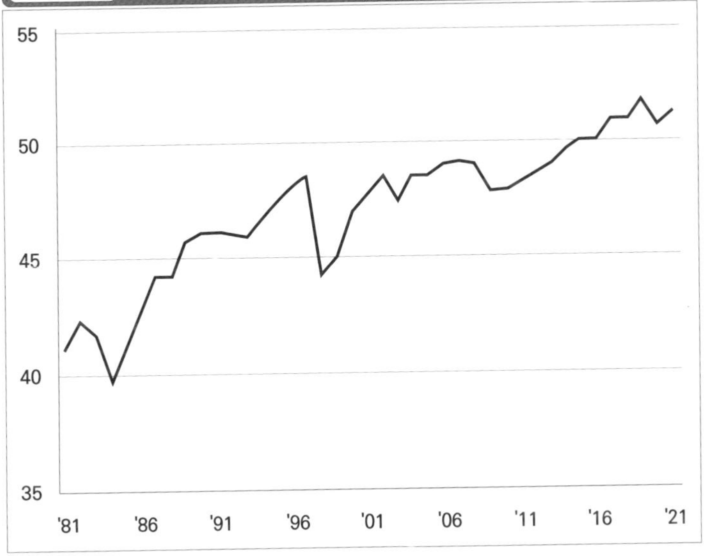

자료: 통계청 국가통계포털

고용률)을 사용하였다.[13] 즉 취업률은 경제활동참여율의 계산에서 고려할 수 없는 사항들, 즉 구직을 단념하였거나 노동시장에 빈번히 들어오고 나가는 반복 실업 등에 의한 과대 추정이나 경기변동에 따른 문제점 등을 완화할 수 있다. 또한 경세활동참여율은 노동의 공급만을 반영하지만, 취업률은 노동의 수요와 공급의 상호작용에 의해 결정되므로 노동시장의 상황을 더 적절히 반영한다.

13 예를 들어 Behrman and Gonalons-Pons(2020), Fang et al.(2010) 등은 여성의 취업이 출산에 미치는 영향을 논의하였다.

'여성 취업률'(female employment rate)은 "15~64세 전체 여성인구 중에서 생산가능인구(즉 경제활동인구와 비경제활동인구의 합) 대비 취업자 수의 비율(%)"로 정의된다. 〈그림 3-2〉는 우리나라 여성 취업률의 시계열 추이를 보여준다. 여성 취업률은 1984년 최저수준인 39.8%에서 1997년 48.6%까지 꾸준히 증가하였지만, 1997년~1998년의 경제위기로 인해 1998년 44.4%로 떨어졌다. 이후 여성 취업률은 2002년 48.5%에서 2003년 47.5%로의 소폭 감소와 글로벌 금융위기로 인해 2008년 48.9%에서 2009년 47.8%로 감소한 것을 제외하면, 매년 소폭 증가하여 2019년 51.6%로 최고수준을 기록하였다. 2020년의 여성 취업률은 50.7%로 전년의 51.6%에 비해 소폭 감소하였지만,[14] 2021년 여성 취업률은 51.2%로 다시 증가하였다. 따라서 1981년 이후 최근까지의 우리나라 여성 취업률은 장기적 관점에서 완만하게 증가하는 추세이다.

또한 여성의 경제활동과 출산은 모의 연령에 따라 큰 차이를 나타내므로 여성의 고용과 출산 간의 관계를 분석할 때 모의 연령별 출산율을[15] 고려하는 보완적 연구가 요구된다. 모의 연령별 출산율은 출산의 정도가 각 연령층에 따라 어떻게

14 이러한 감소는 코로나-19(COVID-19)의 영향에 기인한 것으로 추측된다.

15 모의 연령별 출산율은 제1장에서 정의한 바와 같이 "특정 연령의 여성이 1년간 출산한 출생아 수를 특정 연령의 여성 인구수로 나누어 1,000분비로 나타낸 값"이다.

그림 3-3 모의 연령별 출산율의 시계열 추이(1,000분비)

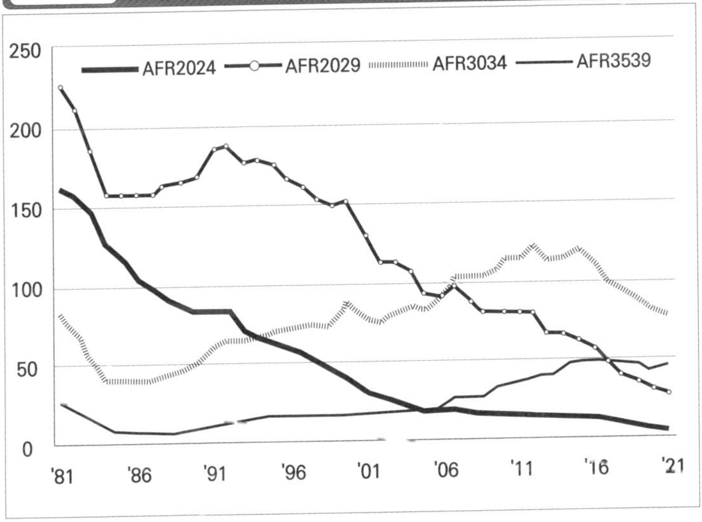

자료: 통계청 국가통계포털

다른지 파악할 수 있는 유용한 지표이다. 〈그림 3-3〉은 20~39세를 5년 단위로 구분한, 즉 20~24세(AFR2024), 25~29세(AFR2529), 30~34세(AFR3034) 및 35~39세(AFR3039)의 우리나라 연령별 출산율의 시계열(1981년~2021년) 추이이다.[16] 통계청 국가통계포털에서는 1993년 이후 연령별 출산율의 연도별 자료를 제공한다. 〈그림 3-3〉은 1992년 이전 자료를 포함하는데, 이는 통계청에서 제공하는 추계인구에서 20~

16 19세 이하와 40세 이상 모의 출산율은 상당히 낮은 수준이므로 19세 이하와 40세 이상의 출산율은 비교의 편의를 위해 제외한다.

39세 여성 인구수와 연령별 출생아 수를 이용해 일관성 있게 만든 자료이다.[17]

〈그림 3-3〉은 몇 가지 직관적인 사실을 제시한다. 첫째, 20~24세의 출산율(AFR2024)이 1981년 160.9명에서 2021년 5.0명으로 크게 줄어들었으며, 25~29세의 출산율(AFR2529) 역시 1992년 186.6명에서 2021년 27.5명으로 심각하게 감소하였다. 이러한 현상은 경제가 지식화·고도화·전문화됨에 따라 학업이나 경력단절의 우려 등의 이유로 결혼과 출산은 지연시켜 20대의 출산율이 지난 40여 년간 급격히 떨어졌음을 반영한다.

둘째, 30~34세의 출산율(AFR3034)은 1987년 38.6명에서 꾸준히 증가해 2012년 121.9명으로 매우 증가하였지만, 이후 감소세로 바뀌어 2021년의 출산율은 76.1명이다. 또한 35~39세의 출산율(AFR3539) 역시 1987년 7.5명에서 2016년 48.7명으로 늘어났지만, 이후에는 등락을 거듭하며 대체로 소폭 감소하고 있다. 연령이 상대적으로 높은 30대의 출산율은 2010년 초반까지 만혼이나 출산의 연기 등으로 인해 꾸준히 증가하였지만, 최근에는 연령과 무관한 사회 전반적인 출

17 일부 선행연구에서는 1970년대 이후 연령별 출산율의 시계열 자료를 제공하지만, 1970년대 자료는 이후에 이루어진 통계개편 등의 이유로 인해 최근 자료와 측정방법이 일치하지 않는 문제점이 있다. 따라서 통계청에서는 통계의 신뢰성을 언급하면서 1981년 이후 통계자료를 사용할 것을 권고한다.

산율 감소를 반영해 대체로 감소하는 추세이다.

셋째, 연령층별 출산율의 시계열 추이는 여성의 출산연령이 점점 높아지고 있다는 사실을 제시한다.[18] 즉 출산율은 현 시점 기준으로 30~34세, 35~39세, 25~29세, 20~24세의 순서대로 높게 나타난다. 최근 들어 35~39세의 출산율은 크게 변동하지 않았지만, 30~34세의 출산율이 떨어지고 있다. 또한 연령층별 출산율의 차이가 시계열적으로 크게 줄어들고 있다. 우리는 최근에도 합계출산율 감소가 두드러지고 있음을 고려할 때 이상의 현상은 지속할 것으로 예상할 수 있다. 따라서 현재의 낮은 수준의 출산율은 특정 연령층이나 두드러진 이유(원인)로 생겨난 것이 아니라 사회 전반의 다양한 이유로 인해 전 연령층에서 발생하는 공동(동조화) 현상에 기인한다.

〈그림 3-2〉와 〈그림 3-3〉을 종합하면, 여성의 취업은 연령별 출산과 밀접하게 관련될 수 있다. 특히 우리는 1981년 이후 20~24세와 25~29세의 출산율 변동이 취업률 변동과 크게 영향을 주고받았으며, 최근에는 30대 여성의 출산율과 취업률 변동 간의 관련성이 20대 여성의 경우보다 크게 나타날 것으로 짐작할 수 있다. 따라서 출산장려정책은 여성의 연령층에 따라 차별적으로 적용할 때 그 효과가 커질 수 있다. 즉 취업과 출산을 병행할 수 있는 제도적 장치는 20대 여성보다 30대 여성을 대상으로 더욱 강화할 필요성이 있다. 이러한

18 이러한 출산연령의 상승은 〈표 1-2〉에서도 살펴보았다.

여성의 취업(고용)과 출산 간의 내생적 관련성은 다음 절에서 살펴본다.

4. 여성의 고용, 출산 및 성장 간의 내생성

선행연구에서는 출산율 감소가 소득수준의 향상으로 인해 가계 위주의 경제에서 벗어나 직업이 전문화되고 자녀 교육의 질을 강조하면서 생겨나는 불가피한 현상으로 간주하였다. 또한 출산율 감소는 총공급을 감소시키고 총수요를 제약할 뿐만 아니라 다양한 전달경로(예를 들어 저축률·교육투자·재정수지·금융시장 등)를 통해 경제성장에 부정적 영향을 미친다. 따라서 출산과 성장 간에는 서로서로 영향을 주고받는 내생성이 성립한다.

이미 본 장 제2절과 제3절에서 살펴본 바와 같이 여성의 경제활동참여(고용)와 출산 간에는 상호 간에 영향을 주고받는다. 즉 여성의 고용 증대는 임금수준을 향상시키고 자녀의 출산과 양육에 대한 기회비용을 증가시키므로 출산율 감소를 수반한다. 또한 부모가 출산을 줄일수록 자녀의 성별과 관계없이 교육의 질 개선에 큰 관심을 갖게 되므로 인적자본 투자를 증가시켜 여성의 고용과 임금수준에 영향을 미친다. 한편 여성의 고용 증가는 다양한 전달경로를 통해 경제성장에 양(+)의 영향을 미치는 것으로 알려져 있으며, 소득수준의 상승은 경제적·사회적·문화적·환경적·정책적 요인들의 변동을 통해

그림 3-4 고용, 출산 및 성장 간의 내생성

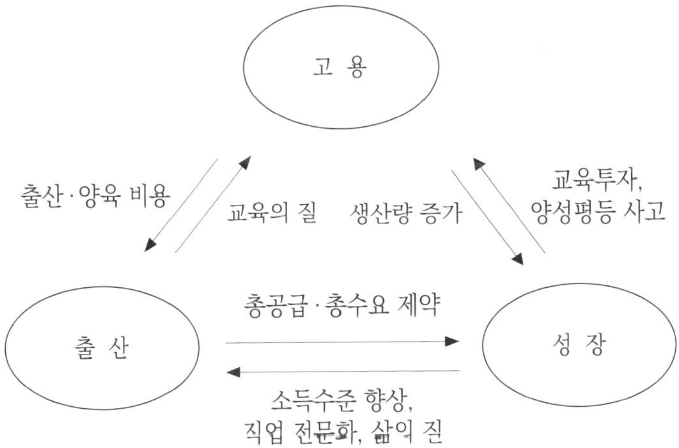

여성의 고용(취업) 결정에 영향을 미친다. 예를들어 소득수준의 상승은 교육투자를 증가시켜 양성평등의 사고를 사회 전반에 확대함으로써 여성의 고용을 증가시킨다.

이처럼 여성의 고용, 출산 및 성장 간에는 상호 밀접한 내생성(endogeneity)이 성립하며, 이는 〈그림 3-4〉에 요약되어 있다. Wang et al.(1994)은 고용, 출산 및 성장의 상호 간에 존재하는 내생성을 도입한 동태적 비교분석을 통해 몇 가지 결론을 유도하였으며, 미국의 현재인구조사(current population survey)에 기초한 자료(노동시간과 출산율)를 이용한 실증분석 결과를 제공하였다. 구체적으로 그들은 고용량, 출산율 및 생산량 간의 내생성을 지지하는 실증분석 결과와 함께 고용량, 출산율 및 생산량 충격에 대한 각 내생변수들의 동태적 변동 추이를 제시하였다.

이후 일련의 선행연구에서는 벡터자기회귀(Vector Auto Regression, VAR) 모형 혹은 벡터오차수정(Vector Error Correction, VEC) 모형을[19] 이용해 고용, 출산 및 성장 관련 변수 간의 동태적 상호연관성을 분석하였다. 예를 들어 Hondroyiannis and Papapetrou(1999)는 1960년~1995년의 미국 자료를 사용해 출산율, 실질임금, 장기 실질이자율 및 생산량의 성장 간에는 장기적인 관계가 존재하지 않지만, 출산율의 내생성은 성립하는 것으로 추정하였다. 즉 그들은 VAR 모형을 기초해 추정한 '충격반응함수'(impulse response function)와 '분산분해'(variance decomposition)의 결과를[20] 바탕으로 실질임금, 장기 실질이자율 및 생산량 성장의 변동이 출산율 변동에 영향을 미친다고 파악하였다.

Lee et al.(2012)은 구조적 벡터자기회귀(Structural VAR, SVAR) 모형에 기초하여 1980년~2008년의 8개 동아시아 국

---

19 시계열자료를 이용한 분석방법과 이후 언급하는 몇몇 추정방법에 관한 논의는 본서의 범위를 넘어서므로 생략하며, 상세한 내용은 계량경제학 서적을 참고할 수 있다.

20 충격반응함수는 "모형 내에서 1 표준편차의 충격이 특정 변수에서 발생할 때 모형 내 변수들이 시간이 흐름에 따라 어떻게 반응하는지 분석하는 방법"이며, 분산분해는 "각각의 내생변수 변동이 전체 변동에 기여한 부분의 상대적 크기를 측정하는 방법"이다.

가와 15개 유럽 국가에서 여성의 고용, 출산 및 성장 간에는 내생성이 성립하며, 특히 여성의 고용과 출산이 성장에 미치는 영향은 동아시아 국가 간의 관계에 비해 유럽 국가 간의 관계에서 크게 관측된다고 주장하였다.[21] 구체적으로 그들은 여성의 고용률과 출산율의 변동이 유럽 국가의 성장률 결정에 약 15%의 영향을 미치지만, 동아시아 국가에서는 약 10%의 영향을 미친 것으로 파악하였다.

황진영·이종하(2012)는 1998년~2009년의 우리나라 16개 광역자치단체의 패널자료를 바탕으로 패널 분산분해와 동태적 OLS(dynamic OLS) 방법을 사용해 여성의 고용, 출산 및 성장 간의 내생성을 확인하고, 각 변수의 변동이 다른 변수들의 결정에 미치는 영향의 크기를 관측하였다. 구체적으로 그들은 출산율 변동이 여성의 고용 결정에 미치는 음(-)의 영향에 비해 여성의 고용 변동이 출산율 결정에 미치는 음의 영향이 훨씬 큰 것으로 추정하였다. 또한 그들은 여성의 고용 변동이 성장의 결정에 미치는 양(+)의 영향은 대단히 적은 것으로 추정하였다.

한편 이종하·황진영(2012)은 1981년~2010년의 우리나라 시계열 자료를 이용해 여성 취업률과 모의 연령별 출산율

21 유사한 연구인 이종하·황진영(2011)은 9개 동아시아 국가(대한민국·말레이시아·싱가포르·인도네시아·일본·중국·태국·필리핀·홍콩)를 대상으로 여성의 고용, 출산 및 성장 간의 내생적 관련성이 패널 SVAR 모형에 기초해 성립하는 것으로 추정하였다.

간의 내생성 및 장·단기 인과관계를 분석하였다. 즉 그들은 여성 취업률과 일부 출산연령, 즉 25~29세와 30~34세의 출산율 간에는 장기적 관계가 성립하였으며, 여성 취업률 변동이 출산율 결정에 미친 영향이 그 반대의 경우에 비해 훨씬 큰 것으로 파악하였다. 그러나 여성 취업률과 모의 연령별 출산율 간의 단기적 영향은 모의 연령층과 관계없이 통계적 유의성이 관측되지 않았다.[22]

이상과 같이 선행연구에서는 여성의 고용, 출산 및 성장이 상호 간에 영향을 주고받는다는 사실을 확인하였다. 그러나 변수들 상호 간에 미치는 영향의 크기는 연령별·지역별·직종별 등의 분류에 따라 다를 수 있으며, 사회 전반의 거너번스(governance)나 다양한 제도·정책 등의 요인에 의해 쉽게 변동할 수 있다. 또한 지역 자료를 이용한 실증분석은 지역 간의 정책 조화(policy coordination)가 실증분석 결과에 영향을 미치는지 혹은 지역 간의 정책 조화를 어떻게 변수로 만들 수 있을지 등이 고려되어야 한다. 따라서 여성의 고용, 출산 및 성장 간의 내생성은 다양한 경제 환경을 고려하는 더욱 정밀한 분석이 이루어질 때 이상의 변수 간의 관련성에 대한 풍부한 정책적 시사점을 도출할 수 있다.

---

22 이종하·황진영(2012)은 이상의 실증분석 결과를 바탕으로 여성의 취업이 출산(특히 25~29세와 30~34세의 출산)에 걸림돌이 되지 않도록 하는 정책이 장기적인 관점에서 수립하고 집행될 때 실효성이 클 수 있다고 주장하였다.

동시켜 출산율 결정에 영향을 미친다.

또한 일부 선행연구에서는 젊은 사람들이 가족 형성을 연기하는 중요한 이유 중 하나로 고용의 불안정성 심화를 언급하였다. 예를 들어 Kiser and Whelpton(1953)은 20세기 초 경제대공황 시기에 밀어닥친 급격한 실업률 상승이 상당 수준의 출생률 감소를 초래하였다고 지적하였다. Bhaumik and Nugent(2005)는 1992년~2002년의 동독 자료를[1] 이용해 실업률 증가(노동시장의 불안정성을 나타내는 대리변수)와 출산율 감소 간의 관련성을 실증 분석하였다. 그들은 고용의 불확실성이 동독에서 크게 나타났으며, 이 사실이 출산의 가능성에 매우 큰 영향을 미친 것으로 파악하였다.

일부 선행연구에서는 경제 상황의 불안정성이 결혼 연령과 초산연령을 상승시켜 출산율에 음(-)의 영향을 미치는 가장 큰 요인으로 작용한다고 제시하였다.[2] 특히 부모가 고용의 불확실성으로 인해 출산을 연기할지 결정하는 데에는 현재의 불확실성이 어느 정도인지에 의존한다. 만약 불확실성이 낮은 상태에서 불확실성이 커지면, 부모는 소득이나 부가 줄어들므로 자녀에 대한 투자를 연기하거나 회피하려는 선택의 가치를 증가시킨다.

그러나 고용의 불확실성이 이미 높은 상태(즉 고용 전망이

---

1 Bhaumik and Nugent(2005)는 서독과 비교하기 위해 동독 자료 이용한다고 밝혔다.

2 이는 Adler(1997), Kharkova and Andreev(2000) 등에서 주장하였다.

충분히 나쁜 상태)일 때에는 자녀의 출산과 양육의 기회비용이 상당히 낮은 수준이므로 출산지연의 선택에 따른 가치가 크지 않아 상대적인 출산 가능성이 커진다. 또한 부모는 불확실성이 높을수록 미래의 위험을 줄여주는 자녀의 혜택을 더 중요하게 여기고, 이는 출산에 긍정적인 영향을 미칠 가능성을 더욱 증가시킨다. 따라서 불확실성이 낮은 상태에서 일시적인 불확실성의 증가는 부모가 출산의 연기나 회피를 선택할 가능성이 증가하지만, 불확실성이 상당히 높은 수준에서 추가적인 불확실성의 심화는 출산에 미치는 영향이 크지 않거나 오히려 출산의 가능성을 높일 수 있다.

황진영(2013a)은 국가 간 통계자료를 바탕으로 노동시장의 불안정성('실업률'로 측정)과 출산율 간의 관계에 대한 몇 가지 실증분석 결과를 도출하였다. 예를 들어 그는 OECD 국가로 구성된 표본에서는 노동시장의 불안정성이 출산율에 통계적으로 유의한 영향을 미치지 않지만, 비OECD 국가로 구성된 표본에서는 노동시장의 불안정성이 출산율에 통계적으로 유의한 음(-)의 영향을 미치는 것으로 추정하였다. 또한 그는 노동시장의 불안정성이 출산율에 미치는 음의 영향은 여성의 경제활동참여율이 상대적으로 큰 국가들로 구성된 표본에서 그 추정계수의 크기 및 통계적 유의성이 높은 것으로 관측하였다.

이상의 결과는 노동시장의 불안정성이 출산을 제약하는

정도가 국가별 현시점의 불확실성 정도나 경제 환경에 따라 상이할 수 있음을 시사한다. 예를 들어 노동시장의 안정성이 상대적으로 큰 국가에서는 여성의 경제활동참여가 출산을 상대적으로 심하게 제약할 수 있으므로 이들 국가에서는 출산율을 높이기 위해 직장과 육아를 병행할 수 있는 제도적 장치의 중요성이 커진다. 또한 여성의 경제활동참여율이 상대적으로 높은 국가에서는 노동시장의 불안정성이 출산율을 제약하는 효과가 크므로 이들 국가에서는 출산율 제고를 위해 고용을 안정시키는 제도나 불확실성을 줄이는 사회복지·노동정책 등이 우선적으로 필요하다.

노동시장의 불안정성이 출산을 제약할 수 있다는 사실은 국내 자료를 이용한 다양한 연구에서도 확인하였다. 예를 들어 이상호·이상헌(2010)은 시도 패널자료 및 노동 패널자료 분석을 통해 1997년~1998년의 외환위기 이후 급증한 고용의 불안정성(특히 남성의 고용 불안정성 증대)이 젊은 남녀의 결혼 건수를 감소시키고 초혼연령을 상승시키는 요인으로 작용하였다고 주장하였다. 최필선·민인식(2015)은 한국고용정보원의 청년패널 1차~7차 데이터를 사용해 청년층의 만혼화 경향이 분명하게 나타나며, 취업 여부가 남자와 여자 모두 결혼의 결정에 통계적으로 유의한 영향을 미치는 것으로 확인하였다.

또한 김유선(2016)은 통계청의 경제활동인구조사 부가조사 자료를 사용해 20~30대 임금근로자를 대상으로 임금수준별 기혼자 비율(%)이 〈그림 4-1〉과 같이 나타난다고 관측하였다. 〈그림 4-1〉은 2016년 3월 기준으로 임금수준이 상승할수록 기혼자 비율이 대체로 높게 나타남을 제시한다. 남성의 임금수준과 기혼자 비율 간의 관계는 선형에 가까운 형태로 10분위(상위 10%)의 기혼자 비율이 가장 높은 82.5%이었으며, 1분위(하위 10%)의 기혼자 비율은 가장 낮은 6.9%에 불과하였다. 여성은 4분위를 저점으로 임금수준이 높아질수록 기혼자 비율이 증가하는 형태이다. 즉 여성의 경우에는 4분위의 기혼자 비율이 28.1%에 불과하였지만, 10분위의 기혼자 비율은 76.7%에 달하였다. 따라서 〈그림 4-1〉은 남녀 모두에서 임금수준과 혼인율 간에는 높은 상관관계가 있음을 보여준다.

그림 4-1 임금수준과 기혼자 비율(%)

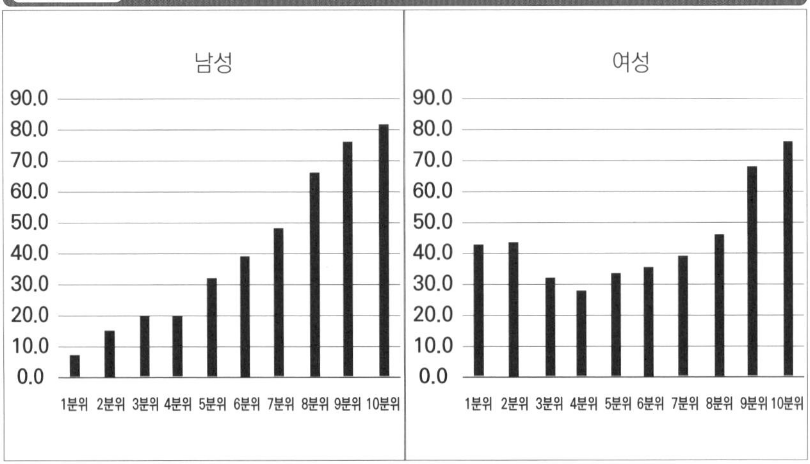

주: 2016년 3월 기준으로 20~30대 임금노동자 대상임.
출처: 김유선(2016)

우리는 노동시장의 불안정성을 크게 (1) 고용여부의 불안정성과 (2) 고용지속성•근로시간•근로제공 방식에서 불확실성이 강해 '비정규직'으로 불리는 고용상태의 불안정성으로 구분할 수 있다. 고용여부의 불안정성은 고용이 예측 불가능해 고용여부가 불확실한 상태를 의미하며, 고용상태의 불안정성은 노동자의 협상력이 낮아 저임금이 지속되거나 불안정한 고용이 지속되는 상태로 규정할 수 있다. '한시적 근로자'는 고용지속성을 기준으로 분류한 비정규직이며, '시간제 근로자'와 '비전형 근로자'는 각각 근로시간과 근로제공 방식을 기준으로 분류한 비정규직이다.[3,4]

따라서 노동시장의 불안정성은 단순히 취업(고용) 여부만으로 파악할 수 없으므로 일부 연구에서는 설문조사 자료를 바탕으로 직종•종사상 지위•근로시간•기업규모 등에 따른 일자리 변수들이 출산 의향에 미치는 영향을 파악하였다. 예를 들어 조성호 외 2인(2020)은 보건사회연구원이 2019년에 작성한 『청년세대의 결혼과 출산 동향에 관한 조사』를 이용해

3 한시적 근로자는 "근로계약 기간을 정하거나 혹은 정하지 않았으나 계약의 반복갱신으로 계속 일할 수 있는 근로자와 비자발적 사유로 계속 근무를 기대할 수 없는 사람"으로 구분된다. 시간제 근로자는 "근로시간이 짧은 근로자"를 말하며, 비전형 근로자는 "파견 근로자, 용역 근로자, 특수형태 근로자, 가정 내 근로자(재택), 일일(호출) 근로자"를 의미한다(통계청 국가통계포털).

4 통계청은 경제활동인구조사의 근로형태별 부가조사를 통해 2021년 8월 기준으로 우리나라의 "임금근로자 대비 비정규직 근로자 비율"이 38.4%라고 밝히고 있다.

일련의 일자리 변수들이 남편과 아내의 첫째 아이와 둘째 아이의 출산 의향에 미치는 영향을 추정하였다. 이러한 연구결과에서도 대체로 안정적인 직종이나 종사상 지위 등을 갖춘 사람들의 출산 의향이 상대적으로 높은 것으로 관측하였다.

2. 소득불평등의 심화

소득불평등의 심화는 사회-정치적 불안정성과 불확실성을 증대시켜 다양한 경제성과에 부정적 영향을 미치며, 시장경제가 효율적으로 작동하기 어렵게 만든다. 비록 소득불평등의 심화는 다양한 경제현상과 관련되지만, 본 절에서는 소득불평등이 출산율에 미치는 영향을 교육투자와 관련된 내용을 중심으로 살펴본다.

우리는 Becker(1960)가 제시한 자녀 교육의 양(quantity)과 질(quality) 간의 상충관계 모형에서와[5] 같이 사람들이 소비의 대상인 재화에 가치를 부여하듯 자녀에게 가치를 부여한다고 상정한다. 이때 부모의 소득상승은 자녀를 더 출산하려는 소득효과(income effect)를 유발한다. 또한 부모의 소득상승은 자녀의 출산과 양육의 기회비용을 증가(즉 자녀의 가격을 상승)시켜 자녀를 덜 출산하려는 대체효과(substitution effect)를 함께 발생시킨다. 실증자료에서는 부유한 사람일수록 대체효과가 소득효과보다 큰 것으로 나타난다. 만약 경제 전체의 소득이

---

5 Becker(1960) 모형은 제2장에서 설명하였다.

상승하면서 소득불평등이 심화한다면,[6] 소수의 부유한 사람들에 의한 출산율은 감소하고(대체효과 〉 소득효과), 다수의 가난한 사람들에 의한 출산율은 상대적으로 늘어날(대체효과 〈 소득효과) 가능성이 있다.

따라서 (소수의) 부유한 사람들과 (다수의) 가난한 사람들 간의 출산율 차이는 소득불평등이 심화할수록 증가하게 된다. 즉 소득불평등이 심한 국가나 사회에서는 상대적으로 출산율이 높게 나타나는, 즉 소득불평등과 출산율 간에는 양(+)의 관계를 형성한다.[7] 또한 교육투자의 양과 질 간의 상충관계 모형이 제시하였는데, 출산율과 교육투자 간에는 음(-)의 관계가 성립할 수 있다. 따라서 덜 교육받은 가난한 여성은 자녀를 양육하는 기회비용이 낮으므로 상대적으로 많은 수의 자녀를 출산할 수 있지만(출산율이 높지만), 그들 자녀에 대한 교육에는 덜 관심을 두게 된다.[8,9] 이러한 결과는 저개발국 혹은 개발도상국

6 이러한 현상은 '불균형성장 전략'(unbalanced growth strategy)을 채택하는 경제개발 단계의 국가에서 쉽게 관측된다.

7 황진영 외 2인(2009)은 1980년~2005년의 78개 국가 간 자료를 바탕으로 소득불평등이 출산율에 양(+)의 영향을 미치는 것으로 관측하였다.

8 이상의 논의는 de la Croix and Doepke(2004), Doepke and de la Croix(2003)에 기초한다.

9 이러한 논의는 어빙 피셔(Irving Fisher, 1867~1947)의 전통적 견해와 일치한다. 피셔는 가난한 사람(가정)일수록 높은 시간선호율을 가지므로 미래소비보다 현재소비를 더 중요시하고, 자녀에 대한 교육투자의 증가는 다른 가족의 현재소비를 감소시키므로 자녀교육은 사치재일 수 있다고 주장하였다.

과 소득수준이 높은 산업화된 국가를 비교할 때 저개발국 혹은 개발도상국에서 나타나는 상대적으로 심한 소득불평등, 높은 출산율 및 낮은 교육투자의 현실 경제를 설명한다.

이상의 논리와는 달리 하준경(2012)은 저소득층이나 중산층이 고소득층의 교육투자 수준을 쫓아가려 하는, 즉 '존스가족 따라 하기'(keeping up with the Joneses)[10] 경향을 이용해 소득불평등이 출산율에 미치는 영향을 분석하였다. 즉 소득불평등이 심화할수록 저소득층이나 중산층의 교육투자 수준이 고소득층의 교육투자 수준을 따라잡기 어려워지는데, 이로 인해 저소득층이나 중산층 가정은 자녀의 수를 제한하는 방식으로 그들의 소득에서 교육비지출 부담을 늘리려 한다. 이상의 논의는 소득불평등이 심화할수록 출산율이 줄어들 수 있음을 의미하며, 소득수준이 상대적으로 높은 산업화된 국가에서 소득불평등 심화가 자녀의 양육비용을 상승시켜 출산을 제약하는 현실 경제를 뒷받침한다.

따라서 소득불평등이 교육투자를 매개(전달경로)로 출산율에 미치는 영향은 경제 환경에 따라 다르게 나타날 수 있다. 자녀 교육의 질에 상대적으로 관심이 적은 국가나 사회에서는 소득불평등이 출산율에 양(+)의 영향을 미칠 가능성이 크며,

---

10 '존스가족 따라 하기'는 사회 계급이나 물질의 축적에 대해 이웃과의 비교를 언급하는 것으로 많은 영어권 지역에서 사용되는 관용구이다. 우리는 '존스가족 따라 하기'를 통상적으로 "이웃 사람과 경쟁하다", "남에게 뒤지지 않으려 노력하다" 등으로 해석할 수 있다.

이는 상대적 관점에서 저개발국 혹은 개발도상국의 현실 경제를 설명한다. 또한 산업화된 국가에서와 같이 자녀 교육의 질에 관심이 많을 때는 소득불평등이 출산율 결정에 음(-)의 영향을 미칠 가능성이 증가한다.

우리는 이상의 내용과 관련된 두 가지 사항을 언급하고자 한다. 첫째, 출산율 저하와 인구의 고령화 현상은 장기적 관점에서 부양인구의 비율 증가, 성장 동력의 약화 등 경제의 효율성을 떨어뜨리므로 미래의 소득불평등에 부정적 영향을 미치는 것으로 알려져 있다. 즉 소득불평등과 출산율 간에는 인과관계의 문제점이 생겨난다. 또한 일련의 선행연구에서는 특정 국가나 사회의 소득불평등과 교육투자 간에도 인과관계의 문제점이 존재한다고 지적하였다.[11] 따라서 우리는 소득불평등, 교육투자 및 출산이 상호 간에 영향을 주고받는다는 사실을 인식할 수 있다.

둘째, 소득불평등이 교육투자와 같은 전달경로를 통해 출산에 영향을 미치지만, 다른 경제 현상이 소득불평등을 전달경로(매개)로 출산에 영향을 미치기도 한다. 예를 들어 세계화 진전은 소득불평등을 심화시키는 원인으로 작용한다. 즉 세계화 진전은 경쟁의 심화를 통해 실업을 증가시키며, 구성원 간의 빈부격차는 물론이거니와 대기업과 중소기업 및 정규직과

11 소득불평등과 교육투자 간의 인과관계 문제점에 관한 선행연구의 논의는 황진영(2016)에 요약되어 있다.

비정규직 간의 양극화를 심화시킨다. 따라서 세계화 진전은 소득불평등과 교육투자를 전달경로로 출산의 결정에 영향을 미친다. 한편 세계화 진전은 국가 간 협조의 강화와 사람들의 자유로운 이동을 유도함으로써 건강에 대한 공공의 인식을 증대시키고, 피임 기술의 급속한 전파를 가능하게 만들어 직접적으로 출산율 감소를 유도하기도 한다.[12]

이처럼 소득불평등과 출산 간의 관련성은 다양한 변수와 환경에 의해 영향을 받으며 인과관계도 명확하지 않다. 또한 소득불평등은 교육투자 이외에도 다양한 전달경로를 통해 출산의 결정에 영향을 미칠 수 있다. 예를 들어 소득불평등의 심화는 앞 절에서 언급한 사회•정치적 불안정성이나 불확실성을 증폭시켜 출산에 부정적 영향을 미칠 수 있다. 그러므로 우리는 향후 추가적인 연구를 통해 소득불평등과 출산 간의 관련성을 더욱 명확히 밝힐 수 있다고 여겨진다.

3. 높은 주택가격

우리나라 청년들은 경제적 부담으로 인해 결혼과 출산을 연기하거나 회피하며, 이때 종종 언급되는 대표적 부담이 주택마련을 위한 높은 비용이다. 예를 들어 2021년 말 우리나라 가계대출의 약 67%가 주택시장과 연계된 대출(주택담보대출, 전

---

12 또한 Martin(2000)은 세계화 진전이 여성의 교육수준이나 고용을 개선하며, 이는 결혼이나 출산을 지연시키는 요인이 된다고 지적하였다.

세자금대출 및 주택 관련 대출을 보유한 차주의 신용대출)이다.[13] 이는 높은 주택가격이 청년들에게 큰 부담으로 작용해 출산의 시기(예: 초산연령)를 늦추고 수준(예: 합계출산율)을 낮추는 데 영향을 미칠 수 있음을 제시한다.

국내의 선행연구에서는 다양한 자료를 이용해 높은 주택가격이 출산율을 높이는 데 제약으로 작용하고 있음을 확인하였다. 예를 들어 김영주(2005)는 수도권에 거주하는 25~45세의 결혼한 360명(남성 84명, 여성 276명)을 대상으로 주거가치, 주거환경에 대한 만족도 및 주거 선호도에 관한 설문조사를 통해 비싼 주택가격이 이상적인 자녀의 수를 출산하지 못하게 하는 이유일 수 있다고 설명하였다. 서미숙(2013)은 146개 지역의 5,808명 자료를[14] 사용해 아파트 매매가격이 상승할수록 아파트 전세 거주자가 자녀를 출산할 확률이 자가 거주자의 경우에 비해 현저히 떨어지는 것으로 파악하였다. 즉 아파트 매매가격의 상승이 아파트 전세 거주자에게 주택마련을 위한 자산축적의 부담을 가중시키고 심리적으로 불안정하게 만들어 출산을 연기하거나 회피하도록 유도한다.

그러나 이상의 연구결과들은 주택을 소유하지 않은 사람들을 주요 분석대상으로 삼았다는 문제점이 있다. 만약 주택을 소유한 사람들만을 대상으로 분석한다면, 주택가격의

13 이 자료는 한국은행(2022)이 발간한 『금융안정보고서』에 기초한다.

14 서미숙(2013)은 보건사회연구원과 국민은행이 제공한 자료를 재구성해 사용하였다.

상승이 자산효과(wealth effect)를 유발하므로 주택가격과 출산 간에 양(+)의 관계가 성립할 가능성이 있다. 이러한 가능성은 Dettling and Kearney(2014)와 Lovenheim and Mumford(2011)가 검토하였다. Dettling and Kearney(2014)는 미국의 주택가격이 $10,000 상승할 때 주택소유자와 주택비소유자는 각각 2.1%의 출산율 증가와 0.4%의 출산율 감소를 유발하였다고 관측하였다. Lovenheim and Mumford(2011)는 가임여성을 대상으로 설정한 설문조사 자료를 바탕으로 주택소유자의 주택가격이 $100,000 상승할 때 출산할 가능성이 16~18% 증가한다고 분석하였다.

최근에는 거시적 자료를 사용해 이상의 관계에 관한 보완적 연구가 수행되었다. 김민영·황진영(2016)은 2009년~2013년의 우리나라 16개 광역자치단체의 자료를 이용해 주택가격(주택매매가격과 주택전세가격) 증가가 합계출산율 감소와 초산연령 상승에 대체로 통계적으로 유의한 영향을 미친다는 실증분석 결과를 도출하였다. 이재희·박진백(2020)은 서울시 주택가격이 상승한 2014년~2018년 동안 합계출산율이 0.222명 감소하였는데, 이 감소의 약 24.2%가 아파트 가격 상승에 기인한다고 분석하였다. 외국의 연구로는 Yi and Zhang(2010)이 홍콩의 1971년~2005년의 연간자료를 사용해 주택가격이 1% 증가할 때 합계출산율이 0.45% 감소한다고 제시하였다.

이상의 결과들은 주택가격이 과도하게 높은 수준에서는 청년들이 주택을 소유하지 못할 가능성이 크고, 주택마련의 부담으로 인해 결혼과 출산을 연기하거나 회피하는 현상이 보편적일 수 있다는 가설을 지지한다. 이미 언급한 바와 같이 높은 주택가격은 출산율에 직접적으로 부정적 영향을 미칠 뿐만 아니라 초산연령을 상승시켜 간접적으로 출산율 결정에 영향을 미친다. 즉 초산연령의 상승은 더 많은 자녀를 가질 기회를 제약하므로 출산율 감소로 종종 연결된다.[15]

[표 4-1] 우리나라 주택가격, 출산율 및 초산연령 간의 상관계수

	주택매매가격	주택전세가격	합계출산율	초산연령
주택매매가격	1			
주택전세가격	0.96	1		
합계출산율	−0.70	−0.68	1	
초산연령	0.77	0.86	−0.61	1

주: 2009년~2013년의 우리나라 16개 광역자치단체의 자료를 이용함.
출처: 김민영 · 황진영(2016)

김민영·황진영(2016)은 이상의 세 변수, 즉 주택가격, 출산율 및 초산연령 간의 관련성을 살펴보기 위해 우리나라의 16개 광역자치단체 자료를 바탕으로 변수 간 상관계수를 계

15 이는 제1장에서 언급한 '속도효과'와 관련된다.

산하였는데, 이는 〈표 4-1〉에 요약되어 있다. 주택매매가격과 주택전세가격 간의 관련성은 예상대로 상당히 밀접하며(상관계수=0.96), 이들 변수는 합계출산율 및 초산연령과 각각 음(-)과 양(+)의 밀접한 상관관계를 나타낸다. 또한 합계출산율과 초산연령 간의 상관계수는 −0.61로 나타났는데, 이는 출산의 시기와 수준 간에 음의 관련성이 클 수 있다는 이론적 논의를 반영한다.

우리는 지난 수십 년간 정부가 경기부양을 목적으로 시행한 주택(부동산) 정책이 주택가격 상승으로 이어진 사례는 쉽게 찾을 수 있다. 즉 단기적인 경기부양이나 주택소비를 촉진하는 정책이 주택에 대한 수요를 증가시켜 주택가격을 상승시켰으므로 젊은 무주택자들에게 주택구입을 더욱 어렵게 만들었다. 따라서 경기부양 목적의 주택정책이 장기적 관점에서 주택문제를 더욱 어렵게 만들어 더 많은 복지재원을 요구하며, 출산을 감소시키는 원인 중 하나로 작용하였다.

따라서 우리나라는 낮은 출산율로 인해 경제사회적 비용이 증가하고 있는 시대적 상황을 고려할 때 출산율을 높이고 지속 가능한 복지재정을 구축하기 위해 장기적인 관점에서 주택정책을 설정해야 한다. 지금까지 시행하였던 신혼부부 임대주택 공급, 국토부의 행복주택, 서울시의 공동체주택 등의 청년층을 위한 주택정책은 수혜자가 제한적이고 한시적인 경향이 강해 청년층의 주택문제 해결과 출산율 제고를 위한 근본적인 정책으로 받아들이기 어렵다. 그러므로 우리는 주택정책이 복지의 개선을 넘어 장기적 관점의 출산율 제고 정책으로 유용한 수단임을 인식하고, 모든 젊은 무주택자를 대상으로 주택마련 부담을 완화하는 정책의 대전환이 요구된다.

4. 인구집중, 소비의 질 및 사교육비

선행연구에서는 도시화 진행(도시화율)과 출산율 간에는 상당한 관련성이 있다고 제시하였다.[16] 도시화는 사람들이 소비하는 다양한 재화와 서비스의 양과 질을 향상시키고, 문화생활이나 여가의 활용 및 교육이나 구직의 기회 등을 증대시켜 사람들이 향유하는 삶의 질을 개선한다(Bertinelli and Black, 2004; Clark et al., 1988). 따라서 도시화는 인구 집적(agglomeration)에 따른 이익을 통해 개개인이 소비하는 양을 확대하고 질을 개선시키는데, 이는 출산과 양육에 따른 기회비용을 증가시켜 출산을 제약하는 요인이 될 수 있다.

이처럼 인구 집적은 다양한 종류의 여가시설•백화점•고급 레스터랑 등을 제공할 수 있게 함으로써 개개인이 향유하는 소비의 질을 향상시킨다. 이종하•황진영(2020)은 소비자가 소비와 출산의 합리적 선택을 통해 효용을 극대화하는 이론적 모형에 기초해 외생적으로 주어지는 소비의 질이 증가할수

16 예를 들어 Martine et al.(2013)은 여성의 교육수준 향상이나 경제활동 참여의 증가 등이 도시화와 동반하는 현상이라고 주장하였다.

록 재화나 서비스에 대한 소비를 증가시키고 자녀의 수(출산)를 줄인다는 결과를 도출하였다. 소비의 질이 자녀의 수와 소비수준에 각각 음(-)과 양(+)의 영향을 미친다는 이론적 결과는 상당히 직관적인 의미를 갖는다. 왜냐하면 소비의 질이 소득수준은 물론 인구 집적과도 밀접하게 관련되기 때문이다. 따라서 이상의 결과는 인구 집적에 따른 소비의 질 향상이 자녀의 수(출산)를 제약할 수 있음을 시사한다.[17]

또한 이종하·황진영(2020)은 2002년~2017년의 우리나라 16개 광역자치단체로 구성된 패널자료를 사용해 소비의 질이 출산율에 음(-)의 영향을 미치는 것으로 추정하였다. 그들은 지역별 소비의 질을 나타내는 대리변수로 인구 집적을 반영하는 '인구밀도'를 사용하였다. 따라서 지역균형발전과 같은 장기적 관점의 경제사회적 구조 혹은 제도의 변화는 소비의 질과 인구의 지역 간 분포를 줄여 출산율 제고에 도움을 줄 수 있는데, 이 점은 다음 장에서 살펴본다.

최근 기획재정부가 발간한 『월간 재정동향 및 이슈』(2022년 4월호)에서는 지방에 거주하는 청년층에 비해 수도권에 거주하는 청년층이 결혼하지 않거나 결혼 시기를 늦추는 경향이 클 뿐만 아니라 지방에 거주하는 신혼부부가 상대적으로 자녀를 더 많이 낳는다고 분석하였다. 즉 2018년 결혼 5년

---

17 인구의 대규모 집적은 공해·교통·범죄 등과 같은 과밀(congestion)에 따른 사회적 비용을 창출한다. 따라서 이종하·황진영(2020)의 모형은 인구 집적에 따른 편익이 비용보다 큰 상태를 가정한다.

미만의 신혼부부 중에서 자녀가 없는 비율이 수도권은 43.6%로 지방의 36.2%보다 높게 나타났으며, 2명 이상 다자녀가 있는 부부 비율은 수도권이 11.9%로 지방의 16.3%에 비해 낮게 나타났다. 이러한 현상이 나타난 이유는 인구밀도가 높은 수도권에 거주하는 청년들은 경쟁의 심화와 미래에 대한 불확실성으로 인해 결혼과 출산을 연기하고, 이는 만혼과 출산율 하락의 주요 원인으로 작용하기 때문이다.

[표 4-2] 우리나라 사교육비 현황

구 분	2010년		2015년		2021년	
	총액 (억원)	1인당 연평균 (만원)	총액 (억원)	1인당 연평균 (만원)	총액 (억원)	1인당 연평균 (만원)
전체	208,718	288.4	178,346	292.9	234,158	439.9
초등학교	97,080	294.3	75,287	277.3	105,279	394.0
중학교	60,396	305.8	52,384	330.3	63,480	470.0
고등학교 (일반고)	51,242 (47,512)	261.1 (317.5)	50,675 (48,713)	283.4 (331.2)	65,399 (62,637)	503.1 (578.2)

주: 진로•진학 학습상담 비용은 2017년부터 사교육비에 포함함.
자료: 통계청 국가통계포털

인구집중은 앞서 살펴본 소비의 질 향상 이외에도 다양한 사회현상을 유발하지만, 특히 우리나라에서는 사교육의 증가가 출산율 하락과 직접적으로 관련된다. 가계의 경제적인 부담의 증가는 출산을 연기하거나 포기하는 결정에 영향을 미치는 주요 요인이다. 특히 자녀에게 지출하는 과도한 교육비는 가계에 큰 부담이 되므로 결혼과 출산을 기피하는 직접적인 이유로 작용한다. 〈표 4-2〉는 통계청에서 제공하는 우리나라 사교육비 현황을 나타낸다. 2021년 기준 총액으로는 약 23조 4천억원 이상이며, 전체 학생 1인당 연평균 사교육비는 439.9만원에 달한다.[18,19]

우리나라의 사교육비가 출산을 제약한다는 연구결과는 다수 발표되었다. 예를 들어 신윤정(2008)은 전국에 거주하는 25~39세 기혼여성 1,500명을 대상으로 한 전화조사 자료를 이용해 교육비지출이 출산 의향에 큰 영향을 미치는 것으로 파악하였다. 특히 교육단계가 높아질수록 교육비 부담을 느끼는 사람들의 비율이 커지는 양상을 보였으며, 교육비 절감이 여성들의 출산 의향에 통계적으로 유의한 양(+)의 영향을 미치는 것으로 분석하였다. 박진백(2021)은 2009년~2020년의 우리나라 16개 광역자치단체 자료를 이용해 합계출산율 변동에 대한 전년도 사교육비 기여율을 22.5~32.5%로 추정하였다.

---

18 〈표 4-2〉의 사교육비는 명목 값일 뿐 아니라 2017년 이후 계산과정에 다소 차이가 있으므로 연도별 비교에는 무리가 있다.

19 만약 고액과외가 음성적으로 이루어지는 현실을 고려하면, 우리는 실질적인 1인당 사교육비가 〈표 4-2〉의 경우보다 상당히 높을 것으로 쉽게 예상할 수 있다.

따라서 이상의 결과는 다양한 이유로 인해 장기간에 걸친 인구집중 과정에서 파생된 사회현상(즉 소비의 질 향상이나 사교육비 증가 등)이 출산율 하락의 원인으로 작용하였을 가능성을 제시한다. 출산의 변동은 문화나 제도의 변화를 동반하므로 비교적 장기간에 걸쳐 이루어진다. 이는 출산율 제고를 위한 정책을 수립할 때 단기적인 지원 정책과 함께 경제사회적 구조변화를 함께 고려해야 한다는 것을 시사한다. 우리는 장기적인 제도나 문화의 변동을 통해 출산율을 높이는 방안으로써 거시적으로는 지역균형발전 혹은 재정분권, 미시적으로는 출산에 대한 인식 제고 등을 생각힐 수 있다. 이러한 장기저•단기적 관점의 출산율 제고 방안에 대한 상세한 논의는 다음 장에서 살펴본다.

제5장

우리나라 저출산 극복을 위한 제언

1. 지역균형발전
2. 출산에 대한 인식과 교육
3. 출산장려정책
4. 조세제도
5. 사회통합

제5장

우리나라 저출산 극복을 위한 제언

지금까지 살펴본 바와 같이 다양한 경제사회적 요인들이 출산율 결정에 영향을 미친다. 본 장에서는 선행연구에서 언급한 출산율 결정요인을 우리나라의 현실 경제에 응용해 지금까지 간과하였거나 덜 관심을 가졌던 몇 가지 사항들을 중심으로 저출산 극복을 위한 방안 혹은 시사점을 제시한다.

1. 지역균형발전

우리나라의 출산율은 지역(시도)별로 차이가 있다. 〈표 5-1〉에서와 같이 2020년 기준 8개 시(특별시+광역시+자치시)와 9개 도의 평균 합계출산율이 각각 0.863명과 0.991명으로 도의 평균 출산율이 상대적으로 높다. 만약 울산광역시, 세종특별자치시 및 경기도를 제외하면,[1] 시와 도의 평균 출산율이

1 울산광역시는 다른 지역에 비해 소득수준이 높으며, 세종특별자치시는 잘

각각 0.774명과 1.007명이 되어 그 차이는 더욱 극명해진다. 또한 우리가 합계출산율을 인구구조의 차이까지 고려해 측정할 수 있다면, 시도 간의 출산율 격차는 더욱 커질 수 있다. 예를 들어 2020년 서울특별시와 전라남도의 "전체인구 대비 15~64세 인구비율"은 각각 74.4%와 65.4%이다(통계청 국가통계포털).

특히 서울특별시와 부산광역시의 합계출산율은 각각 0.642명과 0.747명으로 대단히 낮은 수준에 머물러 있는 반면, 전라남도와 강원도의 합계출산율은 각각 1.145명과 1.036명으로 상대적으로 높은 수준이다. 이처럼 대도시의 합계출산율이 소규모 지역의 경우에 비해 낮은 이유는 많은 선행연구에서 언급하였듯이 지역의 크기(인구수)에 따라 소득수준, 교육투자, 구직의 기회(노동시장의 불안정성)와 양질의 일자리, 여성의 고용(경제활동참여), 임금수준, 양육비용, 소비의 양과 질, 주택가격 등이 다르기 때문이다.

본 절에서는 선행연구에서 간과한 사항으로 거주 지역에 따른 출산의 편익과 비용에 대한 정보 습득의 차이가 지역 간 출산율 격차를 유발할 가능성을 살펴본다. 사회적 네트워크(social network) 이론은 자신이 거주하는 지역의 인구수(인구밀도)에 기초해 구성원 간의 관계를 '약한 유대'(weak link)와

알려진 바와 같이 청년층 인구비율이 상대적으로 높다. 또한 경기도의 많은 지역은 서울특별시 혹은 인천광역시와 인접해 동일 생활권을 형성한다는 특징이 있다.

[표 5-1] 시도별 합계출산율(명)

행정구역	합계출산율	순 위	행정구역	합계출산율	순 위
전국	0.837	-	경기도	0.878	11
서울특별시	0.642	17	강원도	1.036	3
부산광역시	0.747	16	충청북도	0.983	8
대구광역시	0.807	14	충청남도	1.029	4
인천광역시	0.829	12	전라북도	0.909	10
광주광역시	0.811	13	전라남도	1.145	2
대전광역시	0.805	15	경상북도	1,003	6
울산광역시	0.984	7	경상남도	0.945	9
세종특별자치시	1.277	1	제주특별자치도	1.021	5
시 평균	0.863 (0.774)*		도 평균	0.991 (1.007)**	

주: *와 **는 각각 울산광역시와 세종특별자치시를 제외한 서울특별시와 5개 광역시(6개 시)의 평균 합계출산율과 경기도를 제외한 8개 도의 평균 합계출산율을 나타냄.
자료: 통계청 국가통계포털

'강한 유대'(strong link)로 분류한다. 인구수가 적은 지역의 구성원들 간에는 '공통된 지식'(common knowledge)을 소유하는 데 유용한 '저차원의 네트워크'(low dimensional network), 즉 강한 유대가 상대적으로 쉽게 발생한다. 그러나 인구수가 많고 인구밀도가 높은 지역의 구성원들 간에는 '정보의 확산'(information diffusion)이 쉽게 이루어지는 '고차원의 네트워크'(high dimensional network), 즉 약한 유대의 발생이 상대

적으로 쉽게 이루어진다.[2]

사회적 네트워크 이론은 사람들 간의 교류(communication)가 공통된 지식이 아니라 일반적 지식(정보)의 전달에 국한된다고 가정한다. 만약 출산의 편익 감소와 비용 증가가 정부정책이나 문화의 변화 등 어떤 이유로든 발생하면, 이러한 편익과 비용의 변동에 관한 정보는 인구수가 많고 인구밀도가 높은 대도시에서 크게 확산한다. 즉 대도시에 거주하는 사람들이 갖는 출산의 유인(의향)은 상대적으로 크게 줄어들게 된다.

그러나 소규모 지역에 거주하는 구성원들 간의 교류에는 공통된 지식이 크게 작용하고, 출산의 편익 감소와 비용 증가에 대한 정보가 상대적으로 덜 확산되므로 출산율 감소는 상대적으로 더디게 이루어진다. 이는 어떤 이유로든 출산의 편익 감소와 비용 증가를 유발하는 현상이 발생하면, 서울•부산 등 대도시에서의 출산율 감소가 선행한 이후 소규모 지역의 출산율 감소는 시차를 두고 점진적으로 대도시를 따라가는 형태로 나타날 수 있음을 제시한다.

이상의 논의는 저출산 극복을 위한 중요한 시사점을 제공한다. 우리가 출산장려정책의 실효성을 증가시키기 위해서는

---

2 사회적 네트워크 이론의 설명은 황진영(2016)을 참고할 수 있다. Chew(2000)는 사회적 네트워크에서의 교류(communication)와 조정(coordination)에 관한 존재(existence)와 안정성(stability)을 명시적으로 도출하였다. 또한 Jackson and Wolinsky(1996)와 Jackson and Watts(2002)는 각각 정태적 관점과 동태적 관점에서 경제적•사회적 네트워크의 존재와 안정성을 증명하였다.

적어도 단기적으로 대도시와 소규모 지역 간에 정책 차별화를 이루어야 한다. 만약 출산장려정책이 무작위적(randomly)이고 일회성이 강한 형태로 지역별 특성과 관계없이 실행된다면, 정보의 확산이 빠른 대도시에서는 출산을 유인하는 작용보다 불신이나 불확실성을 키우는 경향이 크게 생겨날 수 있다. 이러한 정책은 불확실성의 확대로 인해 출산의 유인을 오히려 감소시킬 수 있으며, 구성원 간 동조화 현상(저출산)과 같은 부작용을 키울 가능성이 있다. 특히 대도시의 출산장려정책은 지역의 특성에 대한 충분한 검토와 함께 일관성 있고 예측 가능하며 지속 가능한 방향으로 설정해야 한다.[3]

또한 소규모 지역에서는 전체 구성원들의 공통된 지식을 변화시키는 데 한계가 있는 단기적인 정책은 실효성을 거두기 어려우므로, 그 지역의 구성원들 전체가 출산의 유인을 증가시킬 수 있는 인식이나 문화의 변화가 출산율 제고에 효과적일 수 있다. 즉 출산에 대한 인식이나 문화의 변화 혹은 출산장려정책이 장기적 관점에서 지속해서 이루어진다면, 소규모의 지역에서는 상대적으로 큰 효과를 발휘할 수 있다.

따라서 우리나라 전체의 출산율 제고를 위해서는 대도시의 인구수를 줄이고, 소규모 지역의 인구수를 늘리는, 즉 지역간 인구의 분포를 줄이는 장기적인 정책이 필요하다. 즉 출산

3 구체적 정책방안은 본 장 제3절 우리나라 출산장려정책의 실효성을 논의할 때 제시한다.

장려정책은 구성원 간의 '약한 유대'를 줄이고 상대적으로 '강한 유대'를 늘릴 수 있을 때 그 실효성이 제고될 수 있다. 현재 우리나라가 진행하고 있는 지역균형발전의 방향은 지방에 투자를 증가하거나 공공기관을 이전하는 방식으로 이루어지고 있는데, 대도시(수도권)의 인구가 지방으로 이동하지 않는다면 지역균형발전의 본래 목적뿐만 아니라 출산율을 높이는 데에도 유의한 효과를 기대하기 어렵다. 그러므로 올바른 수도권 인구분산정책이 장기적 관점에서 저출산을 극복하는 유용한 방안일 수 있다.[4]

2. 출산에 대한 인식과 교육

대부분 출산의 결정요인 분석은 경제사회의 환경 변화와 같은 관측(현상)에 기초해 실증적으로 파악한다. 이러한 분석은 출산율이 감소하는 이유를 설명하는 데에는 유용하지만, 출산율을 높이기 위한 대안을 모색하는 데에는 한계가 있다. 예를 들어 여성의 교육수준 향상, 경제활동참여 증가, 노동시장의 불안정성 등이 출산율 변동에 영향을 미치는 중요한 요인이지만, 개개인은 이들 요인의 조정에 접근할 수 없을 뿐만

4 수도권 인구분산정책은 (1) 지방에 투자를 집중하거나 공공기관 이전의 방식을 통해 지방으로 인위적인(비자발적인) 인구이동을 유도하는 방식과 (2) 수도권에 거주하는 비용을 증가시키고 후생을 감소시키는 음(-)의 투자 방식으로 자발적인 인구이동을 유도하는 방식이 있다(황진영·정군오, 2002).

아니라 통제할 수도 없다. 구체적으로 우리가 출산율을 높이기 위해 교육수준을 퇴보시키거나 경제활동을 포기할 수 없으며, 경제 환경의 변동이나 불확실성을 개인이 통제하기란 불가능하다.

따라서 일련의 선행연구에서는 경제사회의 환경 변화에 따른 가구(개인)의 인식이나 삶의 질 변화로 생겨나는 요인들을 규명함으로써 개개인이 접근할 수 있고 통제할 수 있는 출산의 결정요인을 찾으려 노력하였다.[5] 예를 들어 이삼식(2006)은 보건사회연구원에서 발간한 『2005년도 전국 결혼 및 출산 동향 조사』에 근거해 미혼 남녀가 결혼 필요성의 관념이 약하거나 성 분업적 역할에 대해 부정적 가치관을 가질수록 결혼 시기를 늦추는 경향이 있으며, 자녀의 필요성·혼전 동거·이혼·자녀에 대한 효용 등에 관한 가치관이 출생아 수 결정에 통계적으로 유의한 영향을 미친다고 주장하였다. 이러한 결과는 젊은 남녀의 결혼과 출산이 그들이 인식이나 교육적 배경에 의존한다는 사실을 제시한다.

삶의 질에 대한 개인의 욕구는 소득수준이 향상됨에 따라 증가하며, 이러한 욕구의 증가는 결혼과 출산에 대한 인식

---

5 한편 일련의 연구에서는 정부가 출산과 양육을 장려하기 위한 '현금성 지원'이나 그 비용을 줄이기 위한 '서비스 지원'과 같은 공공정책의 개발 및 그 유효성을 평가하는 데 집중하였다. 이러한 분야의 선행연구에서는 저출산을 극복하기 위해 개개인이 접근할 수 있고 통제 가능한 공공정책의 방향을 제시하려 노력하였으며, 이와 관련된 내용은 다음 절에서 간략히 소개한다.

을 변화시켜 '희망하는 출산'(desired fertility)이 줄어들게 만든다. 즉 성인 남녀가 아이를 갖지 않거나 적게 가지려고 희망할수록 출산율은 줄어들기 마련이다.[6] 그렇다면 희망하는 출산에 영향을 미치는 요인은 무엇일까? 비록 희망하는 출산에 영향을 미치는 경제적·사회적·문화적·환경적 요인은 다양하게 존재하지만,[7] 이하에서는 희망하는 출산에 중장기적으로 영향을 미치는 출산에 대한 인식 변화와 관련된 교육의 역할을 살펴본다.

가정, 학교 및 사회 교육이 출산과 결혼에 대한 가치관 형성에 영향을 미친다. 정부나 사회의 대표적 교육 방식으로는 가족계획프로그램 혹은 인구정책의 적극적 홍보를 들 수 있다. 예를 들어 우리나라는 높은 인구증가율이 경제성장에 걸림돌이었던 시대에 적극적인 '가족계획정책'(출산억제정책)을 홍보해 희망하는 출산을 줄이는 데 성공하였다.

〈표 5-2〉는 우리나라의 시기별 가족계획 표어의 요약을 보여준다. 우리는 대략 2000년을 기점으로 이전의 표어는 '출산억제'를 목적으로 하며, 그 이후의 표어는 '출산장려'를 목적으로 한다는 사실을 쉽게 확인할 수 있다. 특히 1970년~1980년대에는 "아들·딸 구별 말고 둘만 낳아 잘 기르자"(1971년), "잘 키운 딸 하나 열 아들 안 부럽다"(1980년) 등

6 Weil(2012)은 개발도상국에서 희망하는 출산율과 합계출산율 간의 밀접한 양(+)의 관련성을 확인하였다.

7 사실상 이러한 요인은 이미 살펴본 다양한 출산의 결정요인이다.

[표 5-2] 시기별 가족계획 표어

연 도	표 어
1961년	알맞게 낳아서 훌륭하게 키우자
1963년	덮어놓고 낳다 보면 거지꼴을 못 면한다
1966년	3명 자녀를 3년 터울로 35세 이전에 단산하자
1971년	아들·딸 구별 말고 둘만 낳아 잘 기르자
1980년	잘 키운 딸 하나 열 아들 안 부럽다
1982년	둘도 많다 하나 놓고 알뜰살뜰
1986년	하나로 만족합니다. 우리는 외동딸
1990년	엄마건강 아이건강 적게 낳아 밝은 생활
2004년	아빠! 하나는 싫어요. 엄마! 저도 동생을 갖고 싶어요
2006년	낳을수록 희망가득 기를수록 행복가득

출처: 위영(2011)

과 같은 가족계획정책(출산억제정책)을 반영하는 표어들이 적극적으로 홍보되었다. 이러한 출산억제정책은 당시 젊은 남녀들은 물론 모든 국민들의 희망하는 출산에 관한 보편적 가치관 형성에 크게 기여하였다.

그러나 가족계획프로그램 혹은 인구정책이 출산율 제고에 실효성이 있는지는 논란의 여지가 있다. 일부 학자들은 1996년 이후 정부가 '신인구정책'을 통해 출산장려정책을 시행하였음에도 불구하고 출산율이 지속적으로 감소하였다는 사실을 들면서 그 유효성이 크지 않다고 지적하였다. 그러나

2000년대 이전 우리나라의 출산억제정책이나 인권제약이라는 비용을 치르면서 실시한 중국의 '한 자녀 갖기' 정책 등은 효과적이었으며, Weil(2012)은 가족계획프로그램이 1960년대부터 1990년대까지 개발도상국에서 경험한 출산율 감소의 약 40%를 설명한다는 연구결과를 언급하였다.

그렇다면 2000년대 이후 시행한 출산장려 인구정책의 실효성이 낮은 이유는 무엇일까? 그 이유는 출산억제정책을 시행할 당시와는 달리 이미 소득수준의 상승으로 인해 삶의 질에 대한 개개인의 욕구가 증가한 상태에서는 소극적인 인구정책만으로 희망하는 출산을 높이기 어려워졌기 때문이다. 즉 출산억제정책이 시행될 당시에는 소득수준이 상대적으로 낮은 수준에서 상승하고 있었으므로[8] 출산의 감소가 편익 증가와 비용 감소를 유발한다는 사실을 부모들이 쉽게 인식함으로써 출산억제의 실효성이 크게 나타났다. 그러나 출산장려정책은 삶의 질에 대한 욕구가 이미 높은 수준(높은 소득수준)에서 시행되었으므로 부모가 편익 증가와 비용 감소를 충분히 인식할 수 있은 만큼의 출산장려 인구정책이 아니고서는 희망하는 출산을 높이는 데 한계가 있을 수밖에 없다.

그럼에도 불구하고 우리 사회가 출산을 장려하기 위해서는 젊은 사람들이 희망하는 출산을 늘릴 수 있도록 인구정책에 대한 다양한 홍보와 교육을 강화해 가치관(인식)의 변화를

8 물론 이 시기에는 유아사망률도 급격하게 하락하였다.

유도해야 한다. 왜냐하면 희망하는 출산을 높일 수 있을 정도의 파격적인 현금성 지원이나 서비스 혜택은 출산장려정책의 실효성을 증대시킬 수 있지만, 다양한 이유로 인해 제약이 존재하기 때문이다.[9] 따라서 출산에 대한 근본적인 가치관을 바꿀 수 있는(즉 희망하는 출산을 증가시킬 수 있는) 교육이 현실적이면서도 장기적인 출산율 제고의 유효한 수단일 수 있다.

우리는 결혼, 임신 및 출산에 관한 사회교육을 다양하게 고려해야 한다. 예를 들어 정부는 일정 나이의 모든 사람이 결혼, 임신 및 출산에 관한 기초지식이나 정부정책의 혜택 등을 의무적으로 교육받도록 유도한다.[10] 또한 정부는 출산이나 양육에 대한 지원(혹은 혜택) 정보를 중앙정부, 지방자치단체 및 부서별로 제공하지 않고, 특정 기관이 일괄적으로 제공함으로써 임신과 출산에 대한 교육 효과를 증진할 수 있다.[11] 이러한 일괄적인 정보 제공은 중복되는 비효율성을 줄일 수 있으며, 지원 주체별 비교가 쉬워져 출산장려정책의 효율성 증진이 가능해진다.

---

9 제약의 예로는 예산상의 경제적 제약이나 정책의 형평성과 같은 정치적 제약 등을 들 수 있다.

10 정부나 사회가 결혼, 임신 및 출산에 관한 교육을 시행하는 몇몇 국가의 예는 Harper et al.(2021)을 참고할 수 있다.

11 한편 OECD(2018)는 가임기가 끝난 1970년생 여성 중에서 무자녀 비율이 약 18% 이상이며, 이들 중 많은 여성이 불임, 질병, 파트너 결핍 혹은 기타 개인적 상황에 의해 자녀를 비자발적으로 갖지 않았다고 지적하였다. 따라서 정부는 출산을 장려하기 위한 다른 분야로써 불임이나 질병 등 건강 요인을 개선하려는 노력도 함께 증진해야 한다.

또한 학교나 가정에서는 출산에 대한 사회적 인식 변화를 유도할 수 있는 교과 내용 개편을 통해 자녀의 가치를 도구적 가치에서 정서적 가치로 인식을 전환하는 방향으로 유도해야 한다. 또한 남녀 간의 의식 차이를 줄일 수 있는 성평등 교육이 강화되어야 하며, 출산이나 양육 부담이 여성에게만 전가되지 않고 모든 가정과 사회가 공유한다는 사회문화의 여건 조성이 요구된다. 그러므로 정부는 저출산 극복을 위해 가정·학교·사회가 출산의 중요성을 인식하고, 희망하는 출산을 높이는 형태로 인구교육을 체계적으로 구축하려는 장기적인 노력을 지속해야 한다.

3. 출산장려정책

우리나라의 인구정책은 1996년에 이른바 '신인구정책'을 수립해 기존의 출산억제정책에서 인구자질 향상을 위한 보건·복지정책 중심으로 전환하였다. 그러나 이후 출산율이 지속적으로 감소함에 따라 2006년부터 고령사회 대비를 위한 출산장려정책을 도입하였다. 즉 우리나라 정부는 2005년에 '저출산·고령사회기본법'을 제정하고, '저출산고령사회위원회'를 구성한 이후 본격적인 출산지원 정책을 마련하였다. 정부는 '저출산·고령사회 기본법'을 토대로 5년마다 범국가적 중장기 계획인 '저출산·고령사회기본계획'을 수립해 저출산 대응정책을 추진하고 있다.

[표 5-3] 제4차 정책대상별 기본계획의 주요 과제

대상	현금성 지원	서비스 지원
영유아 · 아동	• 영아수당 신규 도입(2025년 월 50만원 지급) • 첫 만남 꾸러미(II) 신규 지원(초기 양육비용으로 200만원 바우처) • 아동수당 지원대상 단계적 확대	• 공공보육 이용률 50% 달성 • 돌봄 서비스의 확대 및 서비스 질 제고 • 온종일 돌봄 지속 확충
청소년 · 청년	• 독립 미혼 청년 주거급여 분리 지급 • 청년의 자산형성 지원 확대 • 전·월세 청년 금융지원 강화	• IT 활용 지능형 학습지원체계 구축 • 그린 스마트 스쿨 구현 • 청년 맞춤형 임대주택 24만호 공급 • 청년 취업·창업 지원 확대
여성	• 출산 크레딧 확대 추진 • 청소년 산모 의료비 지원연령 상향(18세→24세)	• 성평등한 일터 조성 • 경력단절 예방 및 유망분야 진출지원 강화 • 수요자 중심의 안전한 난임 지원 강화
아동양육 부모	• 출산 전후 모성보호 강화 • 첫 만남 꾸러미(I): 임신·출산 진료비 바우처 확대(60→100만원) • 보편적 육아휴직 권리 확립 • 한 부모 추가자녀 양육비 지원대상 확대(24세→34세)	• 다자녀 가구 주거지원 확대 • 신혼부부·아동양육가구 주거지원 • 셋째 이상 자녀 대학등록금 전액 지원 • 생애주기별 근로시간 단축, 휴식권 보장 • 고위험 임산부 의료지원 확대

출처: 저출산고령사회위원회(2020)

현재에는 제4차 '저출산·고령사회기본계획'(2021년~2025년)이 추진 중이며, 정책대상별 기본계획의 주요 과제를 정리하면 〈표 5-3〉와 같다. 출산장려정책은 지원대상별로는 영유아·아동, 청소년·청년, 여성, 아동양육 부모로 구분되며, 지원방법은 현금성 지원과 서비스 지원으로 크게 나뉜다. 이러한 제4차 출산장려정책의 기본계획은 예전의(제1차~제3차) '저출산·고령사회기본계획'에 변화하는 시대 상황(현실성)을 반영해 보충하였지만, 이를 통해 저출산 극복의 목적을 충분히 달성할 수 있을지는 다소 의문점이 있다. 이하에서는 우리나라 출산장려정책의 근본적인 몇 가지 문제점을 지적한다.

일반적으로 출산장려정책의 실효성은 (1) 정책이 시행된 이후 출산율 제고가 나타났는지 혹은 (2) 동일한 출산율을 달성하는 데 적절한 정책비용을 사용하였는지(가장 효율적인 방법을 사용하였는지)로 평가할 수 있다. 〈표 5-3〉의 출산장려정책들은 다양한 대상과 과제를 담고 있다는 특징이 있다. 그러나 지원대상이나 정책의 설정이 어떤 실효성에 근거하였는지 명확하지 않다.

예를 들어 김현숙·정진화(2019)는 1990년~2017년의 32개 OECD 국가로 구성된 패널자료를 이용해 몇 가지 실증분석 결과를 도출하였는데, 그중에서 남유럽과 아시아 국가에서는 현금 급여인 가족수당이 출산율에 통계적으로 유의한 영향을 미치지 않는다고 관측하였다. 최상준·이명준(2011)은

2001년~2010년의 광역자치단체 자료를 이용해 아동복지 공무원 수나 보육시설의 확보 등이 출산율 제고에 유의한 영향을 미친다고 주장하였다. 이상의 결과는 현금성 지원보다 서비스 지원이 출산율 제고에 더 효과적일 수 있음을 의미한다. 그러나 출산장려정책의 실효성을 분석한 연구결과는 자료나 표본의 선택에 따라 충분히 달라질 수 있는데, 이는 시대별·지역별·지원대상별(자녀의 수 포함)·연령별 지원정책이 세분되고 선택적으로 이루어져야 함을 시사한다.

마찬가지로 정성호(2012)는 현재 자녀의 수를 고려하지 않으면 현금성 지원, 일 가정 양립지원, 양성평등 문화조성 등이 출산계획에 통계적으로 유의한 영향을 미치지만, 현재의 자녀 수를 고려하면 모든 정책이 출산계획에 통계적으로 유의한 영향을 미치지 않는다고 관측하였다.[12] 또한 이종하·황진영(2018)은 7개 '시'의 출산지원예산이 출산율에 통계적으로 유의한 양(+)의 영향을 미치지만, 9개 '도'의 출산지원예산은 출산율에 통계적으로 유의한 음(-)의 영향을 미친다고 추정하였다.[13] 이철희(2012)는 합계출산율 하락의 주된 원인이 결혼한 여성이 아이를 덜 낳아서가 아니라 결혼한 여성 비율이 낮아졌기 때문이라고 설명하였다.

12 정성호(2012)는 보건복지가족부와 보건사회연구원이 실시한 『2009년 전국 결혼 및 출산 동향 조사』로부터 생성된 자료를 사용하였다.

13 이종하·황진영(2018)은 2009년~2016년의 16개 광역자치단체(세종시 제외)를 분석대상으로 설정하였다.

이상의 연구결과들은 자녀의 수를 고려한 가정별 지원정책, 지역별(시도별) 차별화된 정책, 혼인율과 같이 출산에 직접적인 영향을 미치는 요인들에 대한 정책 등과 같이 출산장려정책이 상당히 세분되어야 한다는 것을 제시한다. 또한 정책의 실효성을 증대시키기 위해서는 지역 간 정책조정이나 협력이 강화되어야 한다. 실질적으로 우리나라 지방자치단체가 실시하고 있는 출산 지원정책은 2021년 기준 총 2,310개로 대단히 다양하다.[14] 예를 들어 강원도의 찾아가는 산부인과 운영, 충남 청양군의 농가도우미 지원(출산 전후의 여성 농업인 지원), 대구 달성군의 예쁜 이름 지어주기 사업 등은 지역별 특성을 적절히 반영한다고 볼 수 있다.

그러나 지방자치단체의 출산 지원정책은 대단히 지엽적일 수 있으므로 중앙정부의 출산장려정책과 병행함으로써 정책집행의 효율성을 강화할 수 있다. 즉 이상의 출산 지원정책이 본래의 목적을 달성하고 효과를 발휘하기 위해서는 이하에서 살펴볼 정책집행의 효율성을 증진시킬 때 가능하다. 따라서 출산장려정책은 정책의 "설정, 집행 및 조정"이 체계적으로 순환될 때 그 실효성이 증진된다.

마지막으로 〈표 5-3〉의 출산장려정책은 출산과 직접적 관련성이 약한 정책들을 포함하고 있으며, 중앙정부와 지방

14 이는 보건복지부에서 발간한 『2021년도 지방자치단체 출산 지원정책 사례집』(2022)에 근거한다.

정부 간의 정책 구분의 당위성을 확보하기도 쉽지 않아 보인다. 현재의 출산장려정책은 출산율을 높이기보다는 현재의 출산율을 줄이지 않거나 저출산을 받아들이는 소극적 정책 혹은 복지정책의 일환으로 받아들여질 수 있다.

또한 현재의 출산장려정책은 앞 절에서 언급한 소득상승에 따른 삶의 질 변화를 반영하지 않거나 적어도 부분적으로 반영하는 데 그치고 있다. 예를 들어 영유아나 일부 청년들에게 지급하는 현재의 현금성 지원으로는 사회 전반의 삶의 질을 반영할 수 없으므로 그 실효성이 상당히 제한적일 수밖에 없다. 우리는 BBC 뉴스 코리아(2020년 1월 25일)에 실린 다음의 기사 내용을 통해 이상의 한계를 짐작할 수 있다. "한국 사회는 모성애에 대한 지나친 환상을 가지고 있어 도저히 그 기대에 부응할 자신이 없다면서 출산을 하면 딸려오는 금전적 보상은 자신의 생각을 바꾸는 데 어떤 도움도 되지 않는다."

이처럼 우리나라의 출산장려정책이 복지정책의 일환이 아니라 출산율 제고를 목적으로 한다면, 정책의 세분화(차별화) 및 표적화(targeting)와 함께 정책집행 체계의 변화가 필요하다. 즉 현재의 출산장려정책은 높아진 삶의 질을 제대로 반영하지 못하고 소규모의 지원마저도 일부 사람들에게 집중되며, 중앙부서별로 중복되는 요소가 많아 복지정책의 성격이 강하다. 따라서 우리는 출산장려정책의 지원 주체를 통합하고 일원화해야 하며, 정책은 지원대상·지역·연령 등에 의한 차이를 반영하는 차별화와 표적화가 강화되어야 한다.

이처럼 출산장려정책의 실효성을 높이기 위해서는 결혼과 출산 관련 다양한 지식과 정보를 보유하는 전문가를 양성해 결혼과 출산 연령의 젊은 사람들에게 각종 정보와 도움을 주는 시스템이나 제도를 도입할 필요성이 있다. 만약 이상의 전문가가 출산장려정책의 수립과 집행에 참여할 수 있다면, 결혼과 출산을 제고하기 위한 실효성 높은 정책이나 다양한 인센티브 개발이 지속적으로 가능해진다. 또한 이들 전문가들은 중앙정부와 지방정부 간의 정책조정을 통해 출산장려 지원정책의 효율성을 높이는 데 기여한다.

출산장려정책이 문서상의 계획대로 집행되는 방식보다 결혼과 출산의 대상인 젊은 사람들과 직접 소통을 통해 조정과 차별화(선택과 집중)가 이루어지면서 시행될 때 훨씬 효과적으로 작동할 수 있다. 이러한 결혼과 출산 전문가는 현재의 출산지원 담당자와 같이 단지 집행만을 행하는 권위, 즉 '공식 권위'(formal authority)가 아닌 집행과정에서 다소의 결정권과 조정권을 기지는 권위, 즉 '실질 권위'(real authority)를 가질 때 출산장려정책이 더욱 효과를 발휘할 것으로 기대된다.[15]

15 Aghion and Tirole(1997)은 경영자가 조직 내에서 부하 직원에게 실질 권위를 부여하면, 일부 통제권을 상실할 수 있지만 연구개발(R&D)과 같은 혁신을 강화할 수 있다고 제시하였다.

4. 조세제도

지금까지 살펴본 바와 같이 출산율은 경제사회적 환경에 의존하므로 다양한 제도나 법률에 의해서도 영향을 받기 마련이다. 예를 들어 즉 2세대 이상이 함께 사는 가구가 살아가기 편하도록 만드는 제도의 개선이 출산에 긍정적 영향을 미친다. 즉 출산율을 높이기 위해서는 제2장에서 제시한 혼인율을 증가시키고 1인 가구의 비율을 줄일 수 있는 다양한 제도의 개선이 요구된다. 본 절에서는 출산율 제고에 기여할 수 있는 조세제도를 중심으로 살펴본다.

현재 우리나라에서 시행하고 있는 출산 및 양육의 세제상 지원은 〈표 5-4〉에 요약되어 있다. 〈표 5-4〉는 임동원(2022)이 작성한 것으로 세제상의 지원은 출산 및 양육과 관련된 급여의 비과세, 소득세의 소득공제 혹은 세액공제 및 품목의 면세가 주를 이루고 있다. 이러한 세제상의 지원은 저출산 극복을 위해 자녀 소득공제•세액공제, 아동수당 지급 등을 시행하고 있는 대부분 산업화된 국가들과 큰 차이가 발견되지 않는다. 그러나 우리나라는 혼인을 하더라도 소득세 과세단위를 개인단위로 유지하고 있어 혼인에 따른 세제상의 혜택이 없는 실정인데, 이는 혼인을 장려하기 위해 소득세 과세단위를 조정하고 있는 다른 국가들과는 차이가 있다.[16]

---

16 혼인에 따른 세제상의 혜택이 시행되고 있는 독일•일본 등의 사례에 대한 설명은 임동원(2022)을 참고할 수 있다.

[표 5-4] 출산·양육 관련 세제지원제도

세 목	방 법	내 용
소득세	비과세	출산이나 8세 이하 자녀의 보육수당(월 10만원); 육아 휴직급여와 출산전후 휴가급여
	소득공제	기본공제 중 인적공제로 20세 이하 자녀에 대해 1인당 150만원(자녀는 소득금액 100만원 이하 또는 총급여 500만원 이하)
	세액공제	• 자녀 세액공제(7세 이상 자녀 1인당 15만원, 셋째부터 1인당 30만원 세액공제) • 출산 · 입양 자녀 첫째 30만원, 둘째 50만원, 셋째 이상 70만원 세액공제 • 교육비 세액공제(공제율 15%: (한도) 영유아~고교생 300만원, 대학생 900만원) • 의료비 세액공제(공제율 15%: (한도) 자녀 등 700만원), 난임시술비 등은 20% 공제
	자녀 장려세제	연간소득이 4천만원 미만 가구, 자녀장려금을 자녀 1인당 최대 70만원 지급(자녀세액공제와 중복 적용 불가)
부가가치세	면세	유아용 기저귀•분유 및 산후조리원 면세

출처: 임동원(2022)

이상의 출산 및 양육의 세제상 지원은 저출산 극복을 목적으로 설정되었기에 개선해야 할 여지가 있다. OECD(2021)는 우리나라의 유자녀 가구에 대한 세제 혜택이 다른 OECD 국가들의 경우와 비교해 상대적으로 부족하다고 지적하였다. 즉 OECD(2021)는 우리나라의 2자녀 홑벌이가구와 독신가구의 '조세격차'(tax wedge)가[17] 각각 18.3%와 23.3%로 그 차이는 5.0%p라고 제공하였다. 이러한 우리나라의 조세격차 차이는 OECD 국가 전체의 평균인 10.2%p보다 상당히 낮은 수준이며, 이는 '자녀가 있는 부부'에 대한 세제 혜택을 강화할 필요성이 있음을 제시한다.[18]

또한 우리나라의 출산율 감소가 줄어든 혼인율과 밀접하게 관련됨에도 불구하고 혼인에 따른 세제상의 혜택이 없다는 사실은 다소 놀라운 일이다. 따라서 혼인율 증가는 저출산 극복과 연결되므로 혼인을 장려하기 위한 실효성 있는 세제지원이 요구된다. 구체적으로 우리는 젊은 남녀가 결혼할 때 일정 금액의 세액공제나 결혼 때 필요한 예식장 비용·혼수용품 등에 대한 세액공제 등의 세제지원을 고려할 수 있다.

소득세는 누진세율의 차이로 인해 과세단위를 개인단위로 하느냐 혹은 가족단위로 하느냐에 따라 차이가 생겨나기 마련이다. 현재 우리나라는 결혼을 하더라도 소득세 과세단위는 개인단위이다.[19] 그러나 부부는 실질적으로 생활공동체이고 결혼에 대한 세제상의 혜택이 없음을 감안할 때 새로운 소득세 과세단위의 논의가 요구된다. 예를 들어 우리는 독일에

---

17 조세격차는 기업이 지불하는 노동비용과 근로자가 실제로 받는 임금 간의 차이를 측정하는 지표로 '실효세율'(effective tax rate)과 비슷한 의미로 사용된다. 즉 조세격차는 "임금근로자가 받는 임금 중에서 조세와 사회보장기여금이 차지하는 비율(%)"로 측정한다.

18 이 내용은 임동원(2022)에 기초한다.

19 개인단위는 소득세 계산에서 결혼이 불리한 요소로는 작용하지 않는다.

서 시행하고 있는 '2분 2승제'와 같은 결혼에 대한 세제지원을 고려할 수 있다. '2분 2승제'에 기초한 소득세는 부부의 소득을 합산한 이후 합산한 금액을 2로 나눈 금액에 대해 기본적인 세율을 적용하고, 그렇게 해서 도출된 세액에 2를 곱하여 계산한다. 이처럼 계산한 소득세는 누진세율의 감소로 인해 개인단위의 소득세보다 줄어드는 효과가 발생한다.[20]

그러므로 출산·양육 관련 세제지원은 2세대 이상이 한 가정을 형성해 살아가기 편하도록 조성되어야 한다. 가족은 실질적인 생활공동체이며, 그들에게 특별한 세제상의 혜택이 없을 때는 누진세율로 인해 독신가구에 비해 불리해지므로 결혼이나 출산의 유인이 줄어들게 된다. 우리는 〈표 5-4〉의 출산·양육 관련 세제지원 이외에도 다양한 제도를 고려할 수 있다. 예를 들어 가업승계 증여세 과세특례 제도는 현재에도 부분적으로 시행하고 있지만,[21] 우리는 가업을 승계해서 2세대 이상이 같이 운영하는 기업에 대한 상속세 혹은 증여세를 대폭 감면할 수 있다. 또한 현실적으로 우리나라 젊은이들이 학업이나 취업준비 등으로 자신의 힘으로 소득을 벌어서 결혼, 출산 및 양육하기란 쉽지 않은 상황이므로, 우리는 부모나 조부모가 결혼과 출산에 지원하는 금액에 대한 증여세를 면제하는

20 '2분 2승제'에 관한 상세한 논의는 임동원(2022)을 참고할 수 있다.

21 현재 우리나라에서 시행하고 있는 "가업승계 증여세 과세특례 제도"의 설명은 본서의 일관성을 유지하기 위해 생략한다. 이 제도의 현황과 문제점은 강무성·윤병섭(2022)을 참고할 수 있다.

그림 5-1 OECD 국가별 혼외출산 비율(%)

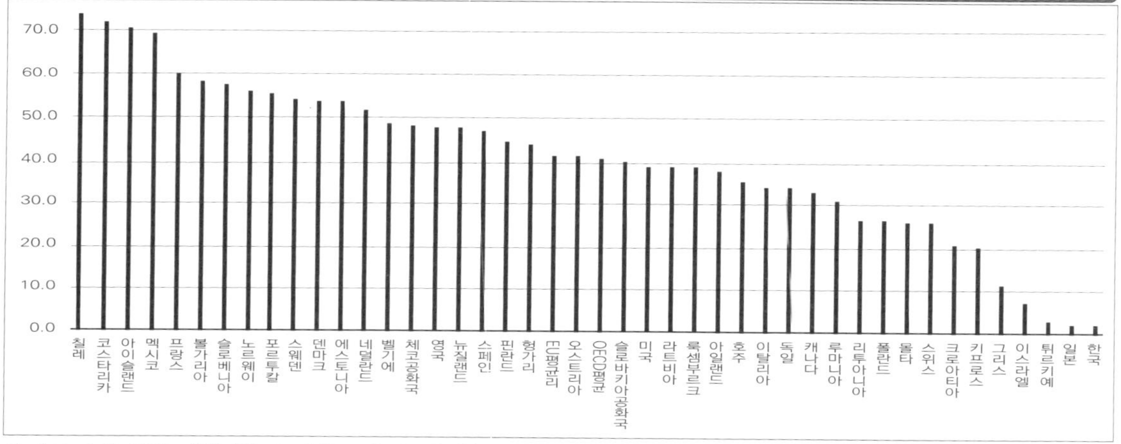

주: (i) 호주·일본·대한민국·뉴질랜드 자료는 혼외(ex-nuptial/out-of-wedlock) 출산, 즉 자녀의 부모가 혼인상태로 등록되어 있지 않은 상태의 출생을 말함.

(ii) 다른 국가들은 출생 당시 어머니의 결혼상태(marital status)가 기혼이 아닌 어머니의 출생을 의미함.

(iii) 캐나다는 결혼상태가 기혼 이외의 어머니에게서 출생한 경우 어머니의 결혼상태가 기록된 출생 비율임(2018년에는 출생아의 8%가 산모의 결혼상태가 기록되지 않음).

(iv) 멕시코는 결혼이 아닌 시민권을 가진 어머니에게서 출생한 경우 어머니의 시민권이 기록된 출생 비율임(2018년에는 출생의 8%에서 어머니의 시민권이 기록되지 않음).

(v) 몰타는 2013년, 벨기에는 2016년, 칠레·이스라엘·영국·키프로스는 2017년 자료임.

자료: 경제협력개발기구, 가족 데이터베이스(OECD, Family Database)

방안 등을 고려할 수 있다.

5. 사회통합

오늘날 가족은 법률상의 결혼을 통해 부모와 자녀로 구성되는 전통적인 형태와는 달리 다양한 모습을 띠고 있다. 많은 남녀는 결혼과 혼인신고를 통해 가족을 형성하는 대신 동거나 사실혼 관계를 통해 가족 형성을 선택하기도 한다. 대부분 유럽 국가들은 법률상 결혼이 아닌 동거에 의한 가족 형성이나 혼외출산을 자연스럽게 받아들인다. 따라서 사회 통념상 법률혼 이외의 결혼에 대한 인정이나 자녀출산의 수용 정도는 출산의 결정에 영향을 미친다.

〈그림 5-1〉은 2018년의 OECD 국가별 혼외출산 비율, 즉 "전체 출생아 대비 혼외 출산아 비율(%)"을 보여주며, 국가별로 차이가 심해 약 2~74%로 나타난다. 전체 OECD 국가와 유럽연합(EU) 국가의 평균 혼외출산 비율은 40.7%와 41.3%이다. 이스라엘(7.5%), 튀르키예(터키, 2.9%), 일본(2.3%) 및 대한민국(2.2%)의 혼외출산 비율은 10% 미만으로 상대적으로 낮은 수준이다. 특히 우리나라의 혼외출산 비율은 비교대상의 국가 중 가장 낮은 수준이며, 칠레(73.7%)·코스타리카(71.8%)·아이슬란드(70.5%)·멕시코(69.3%)·프랑스(60.4%) 등의 국가들과 대조를 이룬다.

이처럼 대부분 OECD 국가에서는 법률상 혼인을 꺼리면서 동거나 사실혼 등을 통한 혼외출산을 받아들이고 있다. 그러나 우리나라에서는 혼인신고를 하지 않는 사실혼 관계의 가족 형태에 대해 사회문화적 혹은 정서적으로 경직성이 강해 혼외출산 비율이 상대적으로 낮은 수준에 머물러 있다.[22] 즉 혼인하지 않은 상태에서 출산은 혼인 관계를 통한 출산에 비해 사회적 비용이나 위험을 감수해야 하므로 미혼 남녀들이 혼외출산을 선뜻 받아들이지 않고 있는 실정이다.

따라서 우리 사회가 출산을 높이기 위해서는 혼외출산을 인정하고 정서적으로 받아들이는 방향으로 나아가야 한다. 현실적으로 많은 젊은 남녀들이 법률상 혼인을 다양한 이유로 연기하거나 자발적 동기로 기피하지만, 동거와 혼외출산은 사회 통념상의 경직성으로 인해 그 사실을 숨기거나 비자발적 동기로 회피하려 한다. 따라서 많은 국가에서 인정하고 있는 동거나 사실혼 관계를 새로운 가족 형태로 받아들이는, 즉 사회적·법률적으로 인증하는 사회통합의 제도가 출산을 높이는 효율적인 방안이 될 수 있다.

구체적 방안으로는 사실혼 관계의 부부도 법률혼 관계의 부부와 동일한 조세 및 사회보장 혜택을 받을 수 있도록 유도한다. 또한 정부는 사실혼 부부 혹은 법률혼 부부와 관계없이 출생한 모든 아동에 대한 양육지원을 강화할 수 있다. 그런데

---

22 통계청(2020)은 만 20~44세 미혼 남녀를 대상으로 한 설문조사에서 혼외출산에 대해 부정적 견해를 가진 비율(남자 75.0%, 여자 76.2%)이 긍정적 견해를 가진 비율보다 월등히 높다고 파악하였다.

우리나라 혼외출산의 한 가지 특징은 혼외출생아 중에서 부모가 19세 이하인 비율이 매우 높다는 사실이다.[23] 나이가 어린 부모일수록 혼외출산에 대한 경직적인 사회 정서에 더 민감하게 반응하게 된다. 따라서 우리는 가족 형성의 변동에 대한 보다 체계적인 교육과 사회통합의 정서를 받아들이려는 노력이 요구되며, 이를 통해 혼외출산에 의한 출산율 제고 효과를 크게 만들 수 있다.

마지막으로 많은 산업화된 국가에서는 인구문제에 대응하기 위해 이민정책을 적극적으로 활용하고 있다. 즉 이민의 확대가 출산율 제고에 도움을 줄 수 있는 근거는 미혼을 줄여 출산을 확대할 수 있으며, 국내 이민자들의 출산 의향이 현재 우리나라의 출산율보다 높을 수 있다는 사실에 기인한다. 고원식(2019)은 여성가족부에서 실시한 『2015년 전국 다문화가족 실태조사』 자료의 가임기 여성 결혼이민자 혹은 여성 혼인귀화자를 대상으로 분석하였는데, 출신 국가의 합계출산율이 높은[24] 결혼이민 여성이 상대적으로 더 많은 자녀를 출산하려 한다는 결과를 도출하였다. 이는 이민자들의 출산 의향이 출신 국가의 현재 출산율에 영향을 받는다는 사실을 의미하며, 우리나라 출산율이 세계 최저 수준임을 감안할 때 이민정책의 활용은 적어도 단기적으로 출산율 제고에 도움이 될 수 있음

23 통계청(2020)은 2018년의 혼외출생아 중 부모가 19세 이하인 비율이 부는 41.7%, 모는 49.9%라고 밝혔다.

24 이는 결혼이민 여성이 이민한 연도 기준으로 측정한 합계출산율이다.

을 제시한다.

그러나 이민정책의 활용에는 적지 않은 문제점이 내재되어 있으므로 신중하게 접근해야 한다. 현재 우리나라는 노동력 확보를 위해 많은 외국인을 받아들이고 있지만, 일방적인 다문화 정책의 시행으로 사회통합이 저해되고, 불법체류자의 증가로 인한 단속과 추방 등의 비용이 요구되며, 언어와 문화의 이질성으로 원주민과의 갈등 고조 등의 문제점들을 경험하고 있다.

또한 이민자의 의식이나 문화는 시간이 흘러감에 따라 적응과정을 걸쳐 점차 우리 사회에 동화되는 방향으로 나아간다. 즉 이민자의 출산에 대한 인식이나 의향이 시간이 흘러갈수록 우리 사회의 보편적 관념이나 가치로 동화되어진다. 따라서 적극적 이민정책은 노동력 확보와 같은 긍정적 효과를 위해 다양한 사회적 비용을 지불해야 하며, 출산율 제고라는 한 가지 목적만 생각할 때에도 단기적인 효과를 나타내는 데 불과할 수 있다는 한계를 지닌다.

참고문헌

【국내문헌】

강무성·윤병섭, "가족기업의 사전증여 규제완화 제언,"『지역산업연구』, 제45권 2호, 2022, pp. 275-314.

고원식, "출신국가별 합계출산율이 결혼이민여성의 출산력에 미치는 영향,"『응용경제』, 제21권 3호, 2019, pp. 41-68.

기획재정부,『월간 재정동향 및 이슈』, 2022년 4월호.

김민영·황진영, "주택가격과 출산의 시기와 수준: 우리나라 16개 시도의 실증분석,"『보건사회연구』, 제36권 1호, 2016, pp. 118-142.

김영주, "대도시 저출산 가정의 주거현황과 주거의식,"『한국가정관리학회지』, 제23권 2호, 2005, pp. 149-157.

김유선, "저출산과 청년 일자리," KLSI Issue Paper, 한국노동사회연구소, 2016.

김현숙·정진화, "OECD 국가들의 출산율 결정요인: 가족친화정책과 노동시장에서의 성별 격차에 대한 분석,"『여성경제연구』, 제16권 1호, 2019, pp. 27-50.

박종서·김문길·김은정·이상림·조성호·양지윤,『여성노동-출산 및 양육행태와 정책과제』, 연구보고서 2015-21-04, 한국보건사회연구원, 2015.

박진백, "주택가격과 사교육비가 합계출산율에 미치는 영향과 기여율 추정에 관한 연구," 『사회보장연구』, 제37권 4호, 2021, pp. 65-92.

보건복지부, 『2021년도 지방자치단체 출산 지원정책 사례집』, 2022.

서미숙, "주택가격 변화에 따른 여성 출산율에 관한 연구," 『여성경제연구』, 제10집 1호, 2013, pp. 63-79.

신윤정, "보육·교육비 부담이 출산 의향에 미치는 영향 분석," 『보건사회연구』, 제28권 2호, 2008, pp. 103-134.

위영, "기록으로 읽는 '인구정책' 어제와 오늘," 기록의 발견, 국가기록원, 2011.

이삼식, "가치관의 변화가 결혼 및 출산 행태에 미치는 영향," 『보건사회연구』, 제26권 2호, 2006, pp. 95-140.

이상호·이상헌, "저출산·인구고령화의 원인에 관한 연구: 결혼결정의 경제적 요인을 중심으로," 『금융경제연구』, 한국은행 금융경제연구원, 2010.

이재희·박진백, "주택가격과 주택공급이 출산율에 미치는 영향: 서울시를 중심으로," 『한국생활과학회지』, 2020, 제29권 5호, pp. 765-776.

이종하·황진영, "광역자치단체의 출산지원예산이 출산율에 미치는 영향," 『보건사회연구』, 제38권 3호, 2018, pp. 555-579.

이종하·황진영, "동아시아 국가에서 여성의 고용, 출산 및 성장 간의 상호관련성: 패널 SVAR 모형을 이용한 실증분석," 『보건사회연구』, 제31권 1호, 2011, pp. 3-26.

이종하·황진영, "여성취업비율과 모의 연령별 출산율 간의 내생성 분석," 『여성경제연구』, 제9집 제2호, 2012, pp. 25-47.

이종하·황진영, "인구 집적에 기초한 소비의 질과 출산의 결정," 『지방행정연구』, 제34권 2호, 2020, pp. 191-210.

이철희, "한국의 합계출산율 변화요인 분해: 혼인과 유배우 출산율 변화의 효과," 『한국인구학』, 제35권 3호, 2012, pp. 117-144.

임동원, "저출산 극복을 위한 세제혜택 확대방안 검토," KERI Brief, 한국경제연구원, 2022.

임병인·서혜림, "여성의 가족가치관과 결혼 및 출산의향," 『보건사회연구』, 제41권 2호, 2021, pp. 123-140.

장지연·전병유·부가청, "여성고용 촉진을 위한 사회정책의 방향과 과제," 여성고용촉진 및 차별시정에 관한 정책토론회, 한국노동연구원, 2005.

저출산고령사회위원회, 『제4차 저출산·고령사회 기본계획』, 2020.

정성호, "저출산 정책의 효과성에 관한 연구," 『한국인구학』, 제35권 1호, 2012, pp. 31-52.

조성호·문성현·김종훈, 『일자리 안정과 저출산 대응 방안 연구』, 연구보고서 2020-32, 한국보건사회연구원, 2020.

최상준, 이명석, "지방자치단체 저출산 정책의 효과: 광역자치단체 출산·양육 사업을 중심으로," 『정책분석평가학회보』, 제23권 1호, 2011, pp. 93-114.

최필선·민인식, "청년층의 취업과 임금이 결혼이행에 미치는 영향: 이산시간 해저드 모형의 응용," 『한국인구학』, 제38권 2호, 2015, pp. 57-83.

통계청, 『한국의 사회동향 2020』 보도자료, 2020.

하준경, “저출산의 경제적 요인 분석: 소득불평등 및 교육비 부담과의 관계를 중심으로,” 『사회경제평론』, 제39호, 2012, pp. 137-174.

한국은행, 『금융안정보고서』, 2022. 06.

황진영, “여성의 경제활동참가, 노동시장의 불안정성 및 합계출산율: 국가 간 실증분석,” 『재정정책논집』, 제15권 1호, 2013a, pp. 81-105.

황진영, 『경제성장의 정치경제학』(제3판), 서울: 도서출판 학림, 2016.

황진영, 여성의 경제활동참가가 출산의 시기 및 수준에 영향을 미쳤는가?: 국가 간 실증분석,” 『보건사회연구』, 제33권 3호, 2013b, pp. 361-384.

황진영·이종하, “한국에서 여성의 고용, 출산 및 성장 간의 상호관련성: 16개 시도의 패널자료를 이용한 실증분석,” 『경제연구』, 제30권 3호, 2012, pp. 19-43.

황진영·임응순·정군오, “출산율과 교육투자에 기초한 소득불평등의 지속성,” 『경제발전연구』, 제15권 2호, 2009, pp. 1-33.

황진영·정군오, “사회적 관계와 대도시 인구집중,” 『지역연구』, 제18권 2호, 2002, pp. 55-70.

【외국문헌】

Adler, M. A., "Social Change and Decline in Marriage and Fertility in Eastern Germany," *Journal of Marriage and Family*, Vol. 59, 1997, pp. 37-49.

Aghion, P. and J. Tirole, "Formal and Real Authority in Organizations," *Journal of Political Economy*, Vol. 105, 1997, pp. 1-29.

Aysit, T., "Economic Development and Female Labor Force Participation in Turkey: Time-Series Evidence and Cross-Province Estimates," METU/ERC Working Paper No. 02/3, 2002.

Becker, G. S., "An Economic Analysis of Fertility," *Demographic and Economic Change in Developed Countries*, New York: Columbia University Press, 1960, pp. 209-240.

Becker, G. S., E. L. Glaeser and K. M. Murphy, "Population and Economic Growth," *American Economic Review*, Vol. 89, 1999, pp. 145-149.

Behrman, J. and P. Gonalons-Pons, "Women's Employment and Fertility in a Global Perspective (1960–2015)," *Demographic Research*, Vol. 43, 2020, pp. 707-744.

Bertinelli, L. and D. Black. "Urbanization and Growth," *Journal of Urban Economics*, Vol. 56, 2004, pp. 80-96.

Bhaumik, S. K. and J. B. Nugent, "Does Economic Uncertainty Affect the Decision to Bear Children? Evidence from East and West Germany," IZA Discussion Paper No. 1746, 2005.

Bloom, D. E., D. Canning, G. Fink and J. E. Finlay, "Fertility, Female Labor Force Participation, and the Demographic Dividend," *Journal of Economic Growth*, Vol. 14, 2009, pp. 79-101.

Brewster, K. L. and R. R. Rindfuss, "Fertility and Women's Employment in Industrialized Nations," *Annual Review of Sociology*, Vol. 26, 2000, pp. 271-296.

Chen, D. H. C., "Population Age Structure and the Budget Deficit," *World Bank Policy Research Paper* 3435, World Bank, 2004.

Chew, M. S.-Y., "Communication and Coordination in Social Networks," *Review of Economic Studies*, Vol. 67, 2000, pp. 1-16.

Cigno, A., "Children and Pensions," *Journal of Population Economics*, Vol. 5, 1992, pp. 175-183.

Clark, D., J. R. Kahn and H. Ofek, "Urbanization Deflator of the GNP: 1910-1984," *Southern Economic Journal*, Vol. 54, 1988, pp. 701-714.

de la Croix, D. and M. Doepke, "Public versus Private Education Where Differential Fertility Matters," *Journal of Development Economics*, Vol. 73, 2004, pp. 607-629.

Dettling, L. J. and M. S. Kearney, "House Prices and Birth Rates: The Impact of the Real Estate Market on the Decision to Have a Baby," *Journal of Public Economics*, Vol. 110, 2014. pp. 82-100.

Doepke, M. and D. de la Croix, "Inequality and Growth: Why Differential Fertility Matters," *American Economic Review*, Vol. 93, 2003, pp. 1091-1113.

Duesenberry, J. S., *Income, Saving and the Theory of Consumption Behavior*, Cambridge: Harvard University Press, 1949.

Easterlin, R. A., *Population, Labor Force, and Long Swings in Economic Growth: The American Experience*, New York: Columbia University Press, 1968.

Fang, H., K. N. Eggleston, J. A. Rizzo and R. J. Zeckhauser, "Female Employment and Fertility in Rural China," NBER Working Paper 15886, Cambridge, MA, 2010.

Harper, J. C., K. Hammarberg, M. Simopoulou, E. Koert, J. Pedro, N. Massin, A. Fincham and A. Balen, "The International Fertility Education Initiative: Research and Action to Improve Fertility Awareness," *Human Reproduction Open*, Vol. 2021, hoab031, https://doi.org/10.1093/hropen/hoab031, 2021.

Hondroyiannis, G. and E. Papapetrou, "Fertility Choice and Economic

Growth: Empirical Evidence from the U.S.," *International Advances in Economic Research*, Vol. 5, 1999, pp. 108-120.

Hwang, J. and J. H. Lee, "Women's Education and the Timing and Level of Fertility," *International Journal of Social Economics*, Vol. 41, 2014, pp. 862-874.

Jackson, M. O. and A. Watts, "The Evolution of Social and Economic Networks,"*Journal of Economic Theory*, Vol. 106, 2002, pp. 265-295.

Jackson, M. O. and A. Wolinsky, "A Strategic Model of Social and Economic Networks,"*Journal of Economic Theory*, Vol. 71, 1996, pp. 44-74.

Joshi, S. and T. P. Schultz, "Family Planning As an Investment Development: Evaluation of a Program's Consequences in Matlab, Bangladesh," Economic Growth Center Discussion Paper No. 951, Yale University, 2007.

Keyfitz, N., "The Growing Human Population," *Scientific American*, Vol. 261, 1989, pp. 118-127.

Kharkova, T. L. and E. M. Andreev, "Did the Economic Crisis Cause the Fertility Decline in Russia: Evidence from the 1994 Microcensus," *European Journal of Population*, Vol. 16, 2000, pp. 211-233.

Kiser, C. and P. K. Whelpton, "Resume of the Indianapolis Study of Social and Psychological Factors Affecting Fertility," *Population Studies*, Vol 7, 1953, pp. 95-110.

Kögel, T., "Did the Association between Fertility and Female Employment within OECD Countries Really Change its Sign?" *Journal of Population Economics*, Vol. 17, 2004, pp. 45-65.

La Croix, S. J., A. Mason and S. Abe, "Population and Globalization," *Asia–Pacific Population & Policy*, 2003.

Lee, J. H., E. Lim and J. Hwang, "Panel SVAR Model of Women's Employment, Fertility, and Economic Growth: A Comparative Study of East Asian and EU Countries," *Social Science Journal*, Vol. 49, 2012, pp. 386-389.

Leibenstein, H., "The Economic Theory of Fertility Decline," *Quarterly Journal of Economics*, Vol. 89, 1975, pp. 1-31.

Lovenheim, M. F. and K. J. Mumford, "Do Family Wealth Shocks Affect Fertility Choices? Evidence from the Housing Market," *Review of Economics and Statistics*, Vol. 95, 2011, pp. 464-475.

Martin, S. P., "Diverging Fertility among U.S. Women Who Delay Child Bearing Past Age 30," *Demography*, Vol. 37, 2000, pp. 523-533.

Martine, G., J. E. Alves and S. Cavenaghi, "Urbanization and Fertility Decline: Cashing in on Structural Change," Working Paper, International Institute for Environment and Development, London, 2013.

Matysiak, A., "Employment First, Then Childbearing: Women's Strategy in Post-Socialist Poland," *Population Studies*, Vol. 63, 2009, pp. 253-276.

Mauldin, P. W. and B. Berelson, "Conditions of Fertility Decline in Developing Countries, 1965-75," *Studies in Family Planning*, Vol. 9, 1978, pp. 89-147.

Mincer, J., "Market Prices, Opportunity Costs, and Income Effects," Christ, C. ed., *Measurement in Economics*, Palo Alto, CA: Stanford University Press, 1963.

OECD, *Family Database 2018*, 2018.

OECD, *Taxing Wages 2021*, 2021.

Psacharopoulos, G. and Z. Tzannatos, "Female Labor Force Participation: An International Perspective," *World Bank Research Observer*, Vol. 4, 1989, pp. 187-201.

Rindfuss, R. R., K. B. Guzzo and S. P. Morgan, "The Changing Institutional Context of Low Fertility," *Population Research and Policy Review*, Vol. 22, 2003, pp. 411-438.

Schoen, R., N. M. Astone, K. Rothert, N. J. Standish and Y. J. Kim,

"Women's Employment, Marital Happiness, and Divorce," *Social Forces*, Vol. 81, 2002, pp. 643-662.

United Nations, *World Contraceptive Use 2011*, 2011.

United Nations, *World Fertility and Family Planning 2020*, 2020.

United Nations, *World Population Prospects 2019*, 2019.

Wang, P., C. K. Yip and C. A. Scotese, "Fertility Choice and Economic Growth: Theory and Evidence," *Review of Economics and Statistics*, Vol. 46, 1994, pp. 255-266.

Weil, D. N., *Economic Growth*, 3rd ed., Routledge, 2012.

Willis, R. J., "A New Approach to the Economic Theory of Fertility Behavior," *Journal of Political Economy*, Vol. 81, 1973, pp. 14-64.

Yi, J. and J. Zhang, "The Effect of House Price on Fertility: Evidence from Hong Kong," *Economic Inquiry*, Vol. 48, 2010, pp. 635-650.

【웹사이트】

경제협력개발기구, 가족 데이터베이스(OECD, Family Database, http://www.oecd.org/els/ family/database.htm).

세계은행(World Bank, https://data.worldbank.org/).

위키백과(https://ko.wikipedia.org/).

통계청 국가통계포털(kosis.kr/).

BBC 뉴스 코리아(https://www.bbc.com/korean/news-51195531), 2020년 1월 25일.

찾아보기

【저자 소개】

황진영은 미국 밴드빌터 대학교(Vanderbilt University)에서 경제학박사 학위를 취득하였으며, 현재 한남대학교 경제학과 교수로 재직 중이다. 주요 연구 분야는 경제-사회적 정책, 경제성장과 발전, 재정정책 등이다. 저서로는 『경제성장의 정치경제학』(3판), 『경제발전과 소득분배』(2판), 『경제학 등대지기』(3판), 『불평등과 경제활동』 등이 있으며, *Defense and Peace Economics*, *Economic Inquiry*, *Economics Letters*, *Economics of Education Review*, *Empirical Economics*, *Review of Development Economics, Social Science Journal*, 『경제학연구』, 『규제연구』, 『보건사회연구』, 『재정정책논집』, 『한국경제연구』 등 국내외 학술지에 120여 편의 논문을 발표하였다.

출산의 결정요인

2023년 2월 10일 초판 인쇄
2023년 2월 20일 초판 발행

저 자 황진영
발행인 이원일
발행처 學林

01318 서울시 도봉구 마들로 859-19, 105-705
등 록 2009년 8월 17일 / 제25100-2009-000026호
전 화 02)941-7898 FAX 02)931-7868

ISBN 979-11-86422-39-7
정가 15,000원